学校コンサルテーションのすすめ方

アドラー心理学にもとづく
子ども・親・教職員のための支援

ドン・ディンクマイヤー・ジュニア　ジョン・カールソン　レベッカ・E・ミシェル 著
浅井健史　箕口雅博 訳

CONSULTATION
Creating School-Based Interventions 4th Edition
by Don Dinkmeyer Jr., Jon Carlson, & Rebecca E. Michel
Trans. by Asai Takeshi & Miguchi Masahiro

遠見書房

Consultation

Creating School-Based Interventions, Fourth Edition

by

Don Dinkmeyer, Jr., Jon Carlson, & Rebecca E. Michel

First Published 2016 by Routledge

©2016 Taylor & Francis

Authorized translation from English language edition published by
Routledge, an imprint of Taylor & Francis Group LLC.
through Japan UNI Agency, Inc., Tokyo

献　　辞

　本書をドン・ディンクマイヤー・シニアにささげる。彼はアドラー心理学の発展に貢献し，リーダーシップをとり，勇気づけ，コンサルテーション・スキルの範を示してくれた。

序　文

　コンサルテーションに関する本書への序文を依頼されたのは，私にとって大きな喜びである。なぜなら私は，キャリアの半分以上にわたってコンサルテーションを行ってきたからである。1956年にカリフォルニア州にあるベンチュラ女子学校でコンサルテーションを開始し，11年間にわたって続けた。最後にコンサルテーションを行ったのは，オハイオ州シンシナティにあるシュワブ中学校である。私は1994年度から1995年度にかけて，その学校で95日を過ごした。

　本書を読んでいると，コンサルタントとしての私の経験がありありと思い出される。私はアドレリアンではないが，実践しているリアリティ・セラピーとアドラー心理学は理論的に近い関係にある。本書で著者らが述べていることの全てに，私は共感できた。私が50年以上のコンサルテーション経験を通して学んだことの全てが，この小著で説明されている。

　あなたが学校で，言うことを聞かない生徒に困っている教師やカウンセラーから支援を求められたとしよう。もし学校の99％の教師やカウンセラーがそうであっても，本書によっていかなる状況も切り抜けられるだろう。

　経験の長いコンサルタントとして，本書を読もうとしているあなたに助言したい。ここに書かれたことを熟読してほしい。あなたは努力を重ねて多くを学ぶ必要があるが，私ほど長い年月をかけなくてもよい。私はこれほどわかりやすい本に出会わなかったのだから。

　　カリフォルニア州チャッツワース
　　ウィリアム・グラッサー研究所　代表

　　　　　　　　　　　　　　　　　　　　　　　　　ウィリアム・グラッサー

まえがき

　本書は学校で教師，生徒，親，管理職を支援する人々のために書かれた。スクールカウンセラーとスクールサイコロジストは，その役割に該当する。教師，生徒，親，管理職はサービスを求めており，コンサルテーションは彼らのニーズに応える有効な方法である。今ではコンサルテーション関係は，選択肢の1つとなっている。

　長きにわたりコンサルテーションは，スクールカウンセラーとスクールサイコロジストに「必須の」機能とされてきた。アメリカ・スクールカウンセラー協会（ASCA）とアメリカ・スクールサイコロジスト協会（NASP）は，各々の主要な機能としてコンサルテーションを位置づけている。近年ASCAはスクールカウンセラーの役割を再定義し，コンサルテーション・スキルをいっそう重視するようになった。とはいえ今日でも，コンサルタントはこの重要な仕事に役立つアイデアを探し求めている。

　本書はメンタルヘルス専門家に，教師，生徒，親，管理職を支援するためのコンサルテーション・スキルを提供する。私たちの考え方に馴染みのない読書を想定し，各章で1つのスキルを取り上げる。私たちの考え方はアドラー心理学（個人心理学）を基盤にしており，先人たちの仕事に感謝している。アドラー心理学には学校や親を支援してきた豊かな伝統がある。本書では教師，生徒，親，管理職を支援するためのアイデアを新たに統合した。

　私たちはドン・ディンクマイヤー・シニアに深く感謝したい。彼は本書の第1版『コンサルティング：潜在能力と変化の促進』（Dinkmeyer & Carlson, 1973）（未邦訳）の第1著者，および第2版『コンサルテーション：学校メンタルヘルス専門家としてのコンサルタント』（Dinkmeyer, Carlson, & Dinkmeyer, 1994）（未邦訳）の共著者であり，第3版を執筆する際にも示唆を与えてくれた。

　私たちは本書の執筆に当たり，100年以上にわたる経験の集積として，全米50州，カナダなどの文献を渉猟した。教育実践の場所を問わず，学校で達成すべきニーズの重さと類似性は増しつつあると私たちは感じている。学校は社会の困難なニーズに応えることをいっそう求められている。とはいえ各世代が力を合わせ

て取り組んでいく上で，学校は中心的な役割を果たすと私たちは信じている。

　本書では，教師・親への個人面接と集団面接をオンラインで視聴できる。次のアドレスにアクセスしてほしい。

　https://www.routledge.com/9781138910256

ドン・ディンクマイヤー・ジュニア

ジョン・カールソン

レベッカ・E・ミシェル

目　　次

献　　辞 3
序　　文 4
まえがき 5

第1章　序　　論 …………………………………………… 13

5つの基盤……14
変化した社会……15
コントロールが優先？……17
システムの重要性……18
学習の重要性……19
自尊感情……21
なぜコンサルテーションか？……23
コンサルテーションの定義……24
コンサルテーション略史……25
情報の共有……27
共鳴板となる……27
対等な関係をつくる……28
ビリーフと行動を変化させる……28
有効な役割……28
問題の所有者……29
コンサルテーションの優先事項……30
テクノロジーの活用……31
まとめ……32
振り返りの質問……32

第2章　コンサルタントの役割 ………………………………… 33

事例……33
人間の可能性……33
コンサルタントの特性……35
先導し，相互作用するコンサルタント……39
コンサルテーションのプロセス……42
不全感と落伍感……43
コンサルテーションの段階……44
関係性の構築……44

問題や悩みへの対応……45
　　対応の結果を分析する……45
　　まとめ……48
　　振り返りの質問……48

第3章　コンサルテーションの理論……………………………………50
　　有効でないビリーフ……51
　　アドラー心理学によるコンサルテーションの原理……52
　　有効なコンサルタントのビリーフ……53
　　人間行動の理解……55
　　しつけ……63
　　自然な結末と論理的結末……64
　　教育としての包括的しつけ法……66
　　まとめ……68
　　振り返りの質問……68

第4章　個人コンサルテーション …………………………………69
　　カウンセリングか，コンサルテーションか？……70
　　コンサルテーションの落とし穴……71
　　誰がコンサルテーションを開始するのか？……71
　　誰が支援されるのか？……72
　　7段階のコンサルテーション・プロセス……73
　　コンサルテーションの3タイプ……74
　　ライフスタイルの重要性……75
　　リソースとしての教師……81
　　援助関係　81
　　有効なコンサルテーションに向けた構造づくり……85
　　生徒への診断的面接……86
　　変化への提案……88
　　個人コンサルテーションの2事例……90
　　まとめ……95
　　振り返りの質問……95

第5章　教師への支援 ………………………………………………96
　　教師－コンサルタント関係……97
　　しつけの無益な三者関係……100
　　個人コンサルテーション……103
　　校内研修の構成……105
　　問題解決グループの原理……107
　　勇気づけ……109

勇気づけの方法……111
　　勇気づけの3段階……113
　　まとめ……118
　　振り返りの質問……118

第6章　成長促進的な学級コンサルテーション ……………… 119
　　一次予防……120
　　スクールカウンセラーの役割の変遷……121
　　成長促進的ガイダンスへの批判……122
　　一次予防的介入：RTIとPBIS……123
　　クラスとは何か？……124
　　人間性を阻害する要因……126
　　グループの理解……127
　　グループ・ダイナミクス……129
　　治療的作用……130
　　クラスでのリーダーシップ・スタイル……134
　　まとめ……140
　　振り返りの質問……140

第7章　平和的，マインドフル，ポジティブな
　　　　アドレリアン・クラスルーム …………………………… 141
　　3つのフォーカス……142
　　SELの共通要素……144
　　マインドフル・クラスルーム……145
　　マインドフル・クラスルームの構成要素……146
　　共感性と学業成績……147
　　スキル訓練プログラム……148
　　まとめ……148
　　振り返りの質問……149

第8章　親・家族へのコンサルテーション ………………………… 150
　　原　　理……150
　　親教育……151
　　STEP……153
　　親教育グループの学習サイクル……154
　　親のCグループ……156
　　親グループの治療作用……157
　　アドレリアン家族カウンセリング……158
　　親の抵抗を軽減するには……160

アドレリアン家族療法……160
主な概念……163
アドレリアン家族システム……164
目標と治療プロセス……165
家族の変化……166
まとめ……166
振り返りの質問……167

第9章　コンサルテーション事例集　……………………………… 168

小学校篇……168
中学生篇……175
高校篇……176

第10章　コンサルテーションの評価　……………………… 182

アカウンタビリティ……182
評価……183
ニーズアセスメント……184
ニーズアセスメントの8ステップ……185
まとめ……193
振り返りの質問……193

資料1　ビデオセッションの逐語録……194
資料2　Cグループの概要……200
資料3　カウンセリングおよび関連する教育プログラム
資料4　アメリカ・スクールカウンセラー協会による，スクールカウンセラーに求められる能力（ASCA, 2012）……206

訳者あとがき　208
訳者によるアドラー心理学の用語解説　211
訳注　217
重要事項索引　218
著者略歴　巻末

学校コンサルテーションのすすめ方

第1章 序　　論

はじめに

本章では次のことを学ぶ。

・社会と学校の変化により，コンサルテーションの重要性が高まった。
・コンサルテーションはなぜ重要か？　どう学ぶのか？
・自尊感情の重要性。
・コンサルテーションの3要素。
・学校で有効なコンサルテーションを行うためのガイドライン。

　個人との直接的な関わりからコンサルテーションへの転換が，学校で起こっている。生徒への直接的介入は，リサーチの裏づけがなく予算がつかないぜいたく品となりつつある。今やコンサルテーションは，スクールカウンセラーとスクールサイコロジストの選択肢の1つとなった。アメリカ・スクールカウンセラー協会（ASCA）とアメリカ・スクールサイコロジスト協会（NASP）は，コンサルテーションを重要かつ有効と見なしている。コンサルテーションはASCA（2012）全米モデルの不可欠な要素であり，カウンセリングおよび関連する教育プログラム認定評議会（CACREP）が認定した訓練プログラムに組み込まれている（CACREP, 2009）。

　私たちはかつて，本書の第1版である『コンサルティング：潜在能力と変化の促進』（Dinkmeyer & Carlson, 1973）を書いた。それから40年で，多くのことが変化した。第2版である『コンサルテーション：学校メンタルヘルス専門家としてのコンサルタント』（Dinkmeyer, Carlson, & Dinkmeyer, 1994）が出た頃には，コンサルテーションはカウンセラー訓練の教科，学会発表，論文，継続教育単位（CEU）ワークショップなどのテーマになった。第3版である『コンサルテーション：学校における介入方略の生成』（Dinkmeyer & Carlson, 2006）（未邦訳）が出るまでに，ASCAはスクールカウンセラーの役割を再定義し，コンサルテーション・スキルを重視するようになった。長年にわたるリサーチは，コンサルテーションの有効性を示してきた。それにも関わらず，カウンセラーはこう

したコンサルテーション・スキルをあまり活用していない。

　私たちの考え方は1967年より，全米の学校で用いられてきた。これはスキル中心のアプローチであり，アドラー心理学（個人心理学）を基盤とする。アドラー心理学は目標志向アプローチであり，個人の選択可能性と，個人の強みに基づく治療的介入を重視する。アドラー心理学は全体論的で，全体としてのシステムや環境に焦点を当てる。

　私たちは親，教師，生徒を対象に介入を行ってきた。STEP（Systematic Training for Effective Parenting）というプログラムは，さまざまな年齢の子どもを持つ，数百万人の親に影響を与えている。例えば，「6歳以下の子どもを持つ親向け」（Dinkmeyer, McKay, Dinkmeyer, Dinkmeyer, & McKay, 2008），「思春期の子育て向け」（Dinkmeyer & McKay, 2007），「親用ハンドブック」（Dinkmeyer, McKay, & Dinkmeyer, 2007）がある。教師向けのSTET（Dinkmeyer, McKay, & Dinkmeyer, 1980）と生徒向けの「自己理解・他者理解（Dinkmeyer & Dinkmeyer, 1982）」も，35年以上にわたり使われてきた。これらのプログラムは時の流れに淘汰されず，親，教師，生徒に影響を与え続けている。

5つの基盤

　本書では5つの前提を設ける。

1. 学校におけるコンサルタントは，スクールカウンセラーが務めることが多い。
2. コンサルタントは，人間行動について特定の個人的ビリーフを持つ。
3. 有効なコンサルテーション理論を持ち，個人的ビリーフに加える必要がある。
4. コンサルタントは特定の実践的コンサルテーション方略を仕立てる必要がある。
5. 事例研究とコメントは，あなたのコンサルテーション・スキルを高める。

コンサルタントの多くはスクールカウンセラーが務める

　学校でコンサルテーションを行う中心的職種は，スクールカウンセラーであると規定する。スクールカウンセラーが学校でコンサルテーションを行う場合，利点と問題がある。他の職種，例えばスクールサイコロジスト，ソーシャルワーカ

一,特別支援教員,実習生もコンサルタントになれる。これらの人々にも本書は役立つ。コンサルタントとしてのスクールカウンセラーの役割については,第2章を参照のこと。

コンサルタントは,人間行動について特定のビリーフを持っている
　行動に関する個人的ビリーフは,コンサルティング能力に大きく影響する。有効なコンサルテーションの鍵は,行動,動機づけ,しつけを実践的に理解することである。本書によりビリーフを拡張・変化させ,能力を高められるだろう。

有効なコンサルテーション理論が必要である
　アドラー心理学に基づく,私たちの理論的アプローチを第3章に示した。アドレリアン・アプローチは,その他のコンサルテーション理論を補足・統合する。

コンサルタントは各々に合った方略を生成する
　特定の状況に対する方略を創造または「仕立てる」能力が,有効なコンサルテーションに必要である。独自の方略をさまざまな対象に適用するために,広汎な知識が求められる。教師コンサルテーションは,親コンサルテーションと異なる。教師,生徒,親を支援する技法は,第4章と第7章に示した。

事例研究とコメントはコンサルテーション・スキルを高める
　コンサルテーション事例を提示する。現実の新しい事例は,コンサルテーション・モデルの適用により,どう行動を変化させられるかを教えてくれる。読者は付属ウェブサイトで,実際のコンサルテーション面接を視聴できる。

変化した社会

　コンサルタントはシステマティックに動く必要がある。教師,親,管理職,生徒に環境と社会が与える影響は変動を続けている。社会はたえず変化している。多くの変化は益をもたらすが,人々を非人間化する場合もある。本章では,どう社会が変化したか,有意味学習の重要性,自尊感情が学習と成長に不可欠であることを見ていく。
　学校は孤立して機能していない。学校は未来の大人を育てようとする,21世紀アメリカの努力を反映している。それゆえ,近年の社会的変化を検討する必要

がある。金融市場の変動は，雇用拡大と学校財政に影響を与えた。それにより「頂点への競争」（アメリカ教育省，2014）などの教育改革政策が実施された。これは生徒と教師の成長を評価し，問題を抱えた学校を立て直し，グローバル経済で活躍できる生徒を育てようとする。今は高卒資格があるだけでは，生活費を稼げない。そのため多くの生徒は，高卒後も教育・訓練プログラムに参加する。リーチ・ハイヤー（2014）やAVID（2014）などのプログラムは，全生徒が中等教育レベルに到達できるよう意図している。スクールカウンセラーはコンサルタントとして，変動する経済状況に生きる親，教師，生徒がキャリアと教育を選択できるよう支援する。

　他にも社会で大きな変化が起こった。女性，マイノリティ，子どもが不公平を甘受する時代は終わった。クラスでは，かつてのような専制的手法は効果を発揮しない。服従を求めれば，生徒は反抗する。そのため協力を促進する方法の意義が増している。

　1950年代の社会は専制的であった。少数の人々が権力を持ち，他は服従を強いられた。家庭では父親が権力を握っていた。学校では教師がクラスをコントロールしていた。だが逆方向への揺り戻しが生じ，許容的またはカオス的関係が専制主義に代わった。社会は専制主義から，権利を主張する女性・マイノリティらを許容する方向に転換した。権力者はコントロールを失った。家庭において，親は「子ども時代に与えられなかったもの全て」を子どもに与えようとした。多くは物を買い与えることである。善意の「よい」親の努力は，責任感を伴う成長ではなく害をもたらす。このような解決策は短期的にうまく行っても，長期的には不健全といえる。とはいえ今日のお手軽でペースの速い社会では，長期的に見た行為の意味など顧みられない。

　許容的社会では問題を解決できない。確かにそれは平等と特権を混同し，新しい解決法を作り出した。親子関係，教師−生徒関係の変化は次のようである。かつて大人が「跳びなさい」といえば，子どもは「どこまで？」と答えた。今日，子どもは「なぜ？」と答えるだろう。

　私たちは専制的関係も許容的関係も支持しない。民主的関係のほうが有効である（同じ意味で「権威ある（authoritative）」という言葉がよく使われるようになったが，私たちはあえて「民主的（democratic）」を使う。そこに政治的意図はない）。多くの人が「民主主義」の意味を取り違えている。民主的関係では，子どもに自由と責任の両方を教える。民主的関係でも，誰かが権限を持つ。権限を持つ人は，意思決定の支援や勇気づけを通して他者をガイドする。コンサルタ

ントはこのプロセスを意識し，自己変革を起こし，民主的システムの創造に向けて他者をガイドする。それゆえ民主的なクラスや家庭では，何でも思い通りにはなるわけでないが，子どもは発言権を有する。

　子どもは他人事として民主主義を学ぶのではなく，それを生きるべきである。同様に，グループ手続きは民主的リーダーシップに不可欠である。それを学んでいない専制的な監督者を恐れていては，教師はクラスで民主主義を実践できない。後の章に示すが，民主主義とカオスを取り違えたり，自分がクラスの雰囲気を改善できると思わない教師は，民主主義へと進めない。民主的なクラスでは，教師がアカウンタビリティ（説明責任）を果たし，成績を向上させるのを促進する。

　ハイステークス・テストは，クラスの環境を大きく変化させた。カリキュラムと知識が整備されるとともに，学校は以前より多くの要請を教師と生徒に課すようになった。だが生徒の知識が増大しても，学習への熱意や，知識を日常生活に活用する力が伴っていない。特に文化的背景の異なる生徒はそうである。このようなインクルージョンとエンパワメントの欠如により，成績目標への到達が困難になる。

　教育実践・教育方法を詳しく検討すると，目標と結果に著しいズレが見える。成績不振のセールスパーソンが解雇されるビジネス界と異なり，学校では教師が生徒をやる気にさせられないと，生徒のせいにしがちである。教師は責任を持って生徒の学びを支援すべきである。多くの生徒は定められたやり方について来られるが，個別指導が必要な者もいる。実際，どの生徒もクラスで自分に合う場所を選ぶ。生徒が問題ではない。教師が学校の学習環境に責任を負うべきである。

コントロールが優先？

　学校が共通して持つ特徴は，秩序とコントロールの重視である。教師はしつけとして，物音と動きをなくそうとする。動かず静かに座っている生徒は不自然である。また全ての生徒が，同じトピックに，同じ時限，同じ瞬間に関心を持つことも，学校の前提である。教師は「理想的」生徒の忠実なコピーを期待しがちである。「10月までは笑顔を見せるな」という常套句に，教師は笑みを浮かべる。ほとんどの教師はそうしないが，それを当然と考える教師もいる。

　私たちの政治・経済システムは，物質的利益に報いようとする。社会的責任，精神的価値，人徳を言葉では称えても，ほとんど報酬や賞を与えない。さらに教

師や親は，彼らが説くことを体現していない（Dinkmeyer et al., 1998a）。平等を説きながら，あらゆる場面で不平等を見せつけている。管理職は教師より偉く，教師は親よりも偉く，親は子どもより偉いと思っている。そして子どもたちは抗議の声をあげる。かくして私たちはますます利己的になり，他者を思いやらなくなる。

　学校は春の学力テストの準備に力を尽くす。テストの成績は重要だが，協力を学ぶことも重要である。権威的なリーダーシップに依存している生徒に，将来の成功はないだろう。教師と生徒が協力する風土のもとで，学習は成功する。私たちの目標と目的は，事物の獲得ばかりを志向する。民主主義，協力，平和，同胞愛が成功した幸福な人生の目標だと，私たちは生徒に説く。だが言葉とは真逆に，それらを権威的・競争的なやり方で教え込む。生徒は私たちの言葉より行為から学ぶ。そして競争に駆り立てる，慈悲深い専制君主のモデルが子どもたちに内在化される。

　現代の課題に向き合うため，私たちは真の平等を生きる必要がある。社会的地位は違っても，人間の価値は平等だという理念である。「人々の争い」はコントロールのための闘争，すなわち他者に優越しようとする野心，それによる慢性的な不全感と疎外感を生じる。平等とは知能，責任，関わりの程度が同じという意味ではなく，相互尊敬を伴って他者に関わる能力である。民主的で揺るぎない，公正な風土において，この目標は達成できる。

　コンサルタントは民主的手続きに精通する必要がある。民主的システムはコンサルタントにとっても馴染みがない。そのため私たちは機能的民主主義を経験していない人々に，システムを動かす指導をする。彼らが学校や家庭で経験しているのは，優位－劣位の人間関係である。人々が選択し，行動に責任を持ち，自立的になることを民主的手続きは求めている。だが今でも，責任とコントロールを誰かに委ねたい欲求は存在する。

システムの重要性

　Sigmund Freud を源流とする人間行動の学派は，個人と対人関係に焦点を当てた。それに対して Alfred Adler は，対人関係だけでなく人々が生活するコンテキスト，環境，システムを重視した。家族システム論により，Adler の考えの妥当性が高まった。個人が問題を呈するのは，社会システムが不健全または機能不全に陥っているためだと家族システム論は考える。病気あるいは問題を呈した

人物は，「見なし患者（Identified Patient）」として捉えられる。

　それがどう学校と関係するのか？　問題ある生徒は，「病気」あるいは機能不全の家族やクラスに生きていると見なされる。親，教師，管理職，カリキュラムに介入してシステムを変化させれば，機能不全の行動は減少する。健全なシステムでは，全てのメンバーが肯定的・建設的に居場所を持つことで，効果的な問題解決を創造できる。

　コンサルタントはシステム内存在としてクライエントを捉える。「この生徒のどこがおかしいか」ではなく，次のような問いから始める。「システムのどこがおかしいか？」「どこを改善すべきか？」「何が抑圧的か？」「ネガティブな行動はどう維持されているか？」「全生徒に平等な教育機会を与えているか？」

　Goleman & Senge（2014）は『3つのフォーカス：教育への新たなアプローチ』（未邦訳）という著作で，システム思考を強調した。このモデルは自己，他者，システムにエネルギーを傾注し，生徒の教育環境を高めることを提唱する。教師は最新の研究成果とテクノロジーを用いて自己への気づき，セルフマネジメント，共感，ソーシャルスキル，意思決定を生徒が習得し，「社会的情動学習（SEL）」を高められるよう支援する。このアプローチには協働して教育システムの変化を成し遂げる，熱意ある教師，家族，コミュニティが不可欠である。

学習の重要性

　学習の構成要素は，情報と意味である。学習がうまく行かないのは，情報の意味を見出せないためである。個人にとって意味を持たなければ，学習は生まれない。次に認知や行動への影響が生じる。生徒の気持ちやビリーフに耳を傾けるべきだと分かっているが，教える分量が多すぎる。

　教師は自分の教科を知らないために，失敗するのではない。その情報を意味づけられずに失敗する。学習プロセスの情報要素は，学習者の外部にある。意味要素は，学習者の内部にある。教師は情報要素を操作して，学習を変化させようとする。このパラドックスを教師はほとんど議論せず，まして理解していない。

　そうした教師が依拠する原理は，「少しの情報がよいものなら，多ければなおよい」である。結果として私たちは次のやり方で，生徒を情報の海に溺れさせる。

・拘束時間と学期を長くする
・教科を増やす

・体育，音楽，演劇，美術などの余剰物を減らす

　多くの人が，これ以上の情報を求めていない。情報提示より大切なのは，情報の個人的意味を理解できるよう援助することである。例えばドロップアウト，薬物乱用者，落第者を例にとる。彼らは情報不足でドロップアウトしたのではない。情報と個人的欲求のつながりが見出せるよう，支援されなかったのである。関与と意味が展開されなかった。知ることと行動には大きな違いがある。知ることは新しい知識の獲得により生まれる。行動の変化は，意味の発見により生まれる。

　生徒は一方的に情報を与えられるより，自分で意味を構築できたほうが熱心になる。生徒は挑戦されていると思う前に，安心感と安全感を持つ必要がある。それがないと，自分は脅威にさらされていると感じる。挑戦は学習を促進するが，脅威は学習の妨げとなる。とはいえ私たちは動機づけを高めようとして，「改善がないと，今日の休み時間をなくすよ」「ちゃんと話を聞かないと，家に連絡するよ」など，生徒に脅しをかける。

　こうした時代遅れの考えは，生徒の学びにつながらない。21世紀の社会は，教育と学習への新しいアプローチを教師に求めている。2007年に策定された"Whole Child Initiative（ASCD, 2015）"は，多様な生徒のニーズに応えられるよう教師を支援する。このアプローチは実践的かつデータに裏づけられた方法により，生徒が健康，安全，熱意，支援，挑戦を得られる学校環境を創ろうとする。そこでは生徒が批判的思考と協働を用いて現実の問題を解決するような，魅力的な学習を提供する。課題解決型学習，サービスラーニング，体験学習による教育は，生徒の学業，社会性，情緒を発達させる。Whole Child Initiativeは多様な生徒のニーズに応えるため，生徒，家族，学校，コミュニティの協働を重視する。スクールカウンセラーによる関係者へのコンサルテーションは，こうした政策の射程を拡大し，生徒の学びに大きな影響を及ぼす。

　有効なコンサルテーション・プロセスの展開は，近年の技術革新と同じくらい急激な変化を必要とする。そうした変化には大胆さ，想像力，努力を要する。変化には楽観性と，人間の内在的価値への信頼が必要である。変化には政策を立て，意思決定を行い，生徒の成長を促進する人々が変わることが必要である。人々のビリーフを扱うことで，こうした変化は可能になる。

　人々が生計を立てるだけでなく，創造的，人間的で感性豊かな生活を送れるようにするのが，教育のあり方である。教育の目的は，友人，コミュニティ，そし

て最も大切なのは自分自身を教育できる人々を作りだすよう，教師を教育することである。教育は観戦するだけのスポーツではない。それは全ての人々が関与する，人生そのものである。問題は大きい。Rudolf Dreikurs（1971）は次のように述べる。

「今日では，夫婦は相手と対等に接しなければ，一緒に暮らせない。子どもは服従すべきだと考えている親は，子どもとうまくやっていけない。各メンバーが対等な存在として居場所を見出せなければ，コミュニティに調和と安定は生まれない。ある国が相手国の権利と尊厳を認められなければ，地上に平和は訪れない」（p.xiii）

学校の変化のなさと同質性が，Dreikursを映した数少ないビデオの1つに示されている。彼は悩みを語る教師たちに耳を傾けている。「私たちはメディアと競争しなくてはならない」「彼らは教師にエンターテイナーになることを期待する」「かつての生徒は従順だった。今は挑戦してくる」などのコメントは，40年以上も前になされた。髪形やファッションは変わっても，1960年代の教師が語った課題は今日にも当てはまる。

自尊感情

自尊感情は自分の価値を信じることであり，人生の成功の鍵となる。自尊感情の高さは，人によって異なる。自尊感情は青年期から成人初期に発達するとされ，メンタルヘルスや人生経験と関連が深い。低い自尊感情は抑うつや不安を生じやすく（Sowislo & Orth, 2013），愛情や人間関係への満足度に影響を与える（Orth, Robins, & Widaman, 2012）。

学校における多くの要素が，自尊感情にネガティブな影響を及ぼす。学校に通うようになると，（教師は創造的，好奇心旺盛で自発的な生徒を育てると言うが）たいていは知識の詰め込みが重視される。

学校は生徒が教師に依存する構造をとっており，生徒が自ら学ぶのを阻害する。生徒の知的好奇心，自発性，勇気は強化されない。そして自分のために考え，行動する能力と欲求は減退する。

教育の目標は，子どもが責任を持って人生の方向性を決められるようにすることである。私たちの社会では10代後半まで，子どもに自分の未来への責任を持

たせない。意思決定の訓練や経験を積まないまま，その年齢になって子どもは合理的な決定・選択をするよう求められる。親は朝，子どもを起こしたり，宿題を忘れないよう念押しする。それがひいてはドロップアウト率や離婚率の増加につながる。他者の経験を教わるだけでは，子どもは学習者として成功できない。成功する人生のためには，自分で成功を経験しなければならない。子どもは自己の達成度を評価する能力を持って，学びに取り組む必要がある。

テクノロジーはアメリカの教育に大きな影響を与えた。1957年，ソビエトのスプートニク打ち上げにより，アメリカは初めて他文化の科学的進歩の挑戦を受けたと感じた。1960年代もその状態が続いたため，理科や数学などの教科が重視されるようになった。かつて伝統的な方法で容易に習得できたよりも，情報量が莫大なことが明らかになってきた。そのためアメリカの教育政策の作成者は，事項・情報と態度のどちらを重視するか，決断を迫られた。

こうして知識獲得が重視され，大学の教科が高校に，高校の教科が小学校に移された。学習へのポジティブな態度と，生涯にわたり学ぶ欲求を育てるのを重視していたらどうなっていたか，結果は想像するしかない。

ソビエトの脅威に対抗して，国家防衛教育法（NDEA）が数百万ドルを学校に注ぎ込んだ。実際，NDEAによって小学校のスクールカウンセラー職は創設された。教師は教育スキルを高めるために給付金を支給された。スクールカウンセラーの訓練を受ける奨学金をもらった教師もいた。教育が人間性を重視するなら，組織ぐるみで次の領域を重視すべきである。

1．知識やテクノロジーの変化に対応する新しい生活パターンにより，学校と大学は主たる知識源としての機能を失い，家庭，コミュニティ，職場などの補助的機関で得られた情報を処理し，経験を再体制化する機能を強めた。
2．教育が依拠する知識ベースを補強するために，積極的な取り組みが求められる。与える情報を増やすより，現在の情報を意味あるものにすることを重視すべきである。
3．効果的な学習がなされる基本的条件づくりに，いっそう努力すべきである。
4．新しい情報を受け入れるために，継続的なカリキュラムの修正が必要である。新しい情報は次のものを反映する。(a) 各教科における知識の現状，(b) 教育や学習に適用可能な行動的知識。
5．教育は個人が価値観を整理できるような，よいプロセスを必要とする。それにより，どうエネルギーを使い，どんな人生を送るかについて，よい選択

ができるようになる。
6．職場における新しいスキルには，代替案の検討，新しい仕事への円滑な移行，民主的環境で力を発揮する能力が含まれる。

なぜコンサルテーションか？

学校でのコンサルテーションは，100年近く実践されてきた（Merrell, Ervin, & Gimpel, 2006）。1966年にアメリカ・カウンセラー教育協会（ACES）とASCAが「カウンセラーにはカウンセリング，コンサルテーション，コーディネーションという3つの役割がある」と記した。それ以降，カウンセラーはコンサルテーションに習熟する必要があることが明確になった（Baker, Robichaud, Westforth Dietrich, Wells, & Schreck, 2009; Brown, Spano, & Schulte, 1988; Umansky & Holloway, 1984）。

カウンセラー側もそれに応えてきた。CACREP（2009）は，大学院プログラムの認定基準として，システム理論とコンサルテーションの適用に関するカリキュラムを含めている。ASCA（2004）は，スクールカウンセリング・プログラムの全米モデルに，コンサルテーションを含めている。ACESは，コンサルテーションのハンドブックを出版した（Brown, Kurpius, & Morris, 1988; Kurpius & Brown, 1988）。それ以外に，この数十年でコンサルテーションに関する膨大な論文が書かれてきた（e.g., Randolph & Mitchell, 1995; Van Velsor, 2009）。今日では約80％のスクールカウンセラーが，学校関係者にコンサルテーションを行っているという（Perera-Diltz, Moe, & Mason, 2009）。だが彼らは，有効なコンサルテーションの訓練を受けていない可能性がある。

カウンセラー訓練生は，コンサルテーションの訓練を受ける必要がある。だがリサーチによると，カウンセラー教育プログラムの多くが，コンサルテーションを最小限しか教えていない。そのため訓練生は十分にコンサルテーションの準備ができずに卒業してしまう（Brown, Kurpius, & Morris, 1988; Campbell, 1992）。したがってコンサルテーションの原理と技法を伝える，新しい方法が必要である。

カウンセラーにとってコンサルテーションは，学校環境を変化させる強力なツールとなる。数十年にわたるリサーチからも，コンサルテーションの有効性は示されている（e.g., Medway, 1978; Medway & Updyke, 1985; Reddy, Whitehead, Files, & Reddy, 2000; Sheridan, Welch, & Orme, 1996）。Reynoldsら（1984）は，コンサルテーションとカウンセリングの効果を比較する文献を整理した。それに

よると，コンサルテーションのほうが時間的にも経済的にも効率が高かった。1人のクライエントを支援するカウンセラーは，1人の人生にしか影響を与えられない。1人の教師を支援するコンサルタントは，間接的に30人以上の生徒の人生に影響を与えうる。1つの親教育グループを支援するコンサルタントは，20〜30人の子どもの人生に影響を与えうる。

このような原理を念頭に置き，私たちは学校システムに多大な影響を持つ人々を支援することにした。すなわち教師，親，管理職である。親や教師が変われば，生徒も変化しやすくなる。生徒に変化への動機づけが乏しいことも多い。

カウンセラーは環境の中でより効果的に機能できるよう，生徒を支援する。それに対してコンサルタントは，環境そのものを変化させようとする。親には，子どもに社会的スキルを教えるとともに，子どもが社会的，情緒的，知的に成長できる家庭環境をつくってもらう。教師にも同様の環境をつくってもらう。管理職には人間の基本的欲求を優先するシステムをつくってもらう。

Brown, Kurpius と Morris（1988）によると，コンサルテーションによって一次予防プログラムが展開できる。それは非機能的生活に与しない職場，家庭，教育環境づくりに役立つ。成績不振児への対応を学んだ親は，他の子どもが同じ状態に陥るのを予防できる。いつの間にかストレスフルな環境を作っていた雇用者は，職場を変革することで，コミットメントを向上させ，遅刻と欠勤を減らし，ヘルスケア費用を削減できる。教師，親，雇用者らがメンタルヘルス問題の有効な推進者になれるよう，コンサルタントは援助してきた。

コンサルテーションの定義

コンサルテーションには3つの当事者がいる。すなわちコンサルタント，コンサルティ，クライエントまたは問題である。図1.1に，3つの当事者とその流れ（関係）を示した。とはいえコンサルタントは，コンサルティと問題が存在する状況への介入を要請されたあらゆる人物を指す。コンサルタントは，コンサルティと問題を理解するスキルに習熟している。

コンサルティは，たいてい初回面接に問題を持ってくる。コンサルティは主に教師，親，管理職である。コンサルティの問題とは，人または状況，およびその両方である。例えば，ある教師は特定の生徒を問題と考えるかもしれない。ある校長は，クラスの規律のなさを問題とするかもしれない。ほとんどのコンサルテーション状況には，大人－生徒関係を変化させようとする大人が関与する。コン

第1章 序論

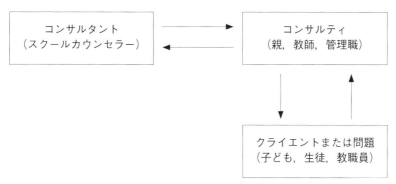

図1.1 コンサルテーション・プロセスの当事者と関係性

サルテーションには，生徒は直接的に関与しない。

　コンサルテーションには，情報共有，共鳴板の提供，仮説生成が含まれる。協働作業と共同計画を通して生まれる，対等な関係が重視される。生徒，教師，親，状況の個別性に合わせた暫定的な提案をすることが目的となる。コンサルタントは，問題解決を肩代わりする専門家ではない。

　コンサルテーション関係には，以下の4つの特徴がある。

1. 問題についての情報，見方，悩みをコンサルタントとコンサルティが共有する。
2. 状況をアセスメントするために，暫定仮説を生成する。
3. コンサルタントとコンサルティが，協働作業と共同計画を行う。
4. 仮説と提案に際して生徒，教師，状況の特異性を考慮し，尊重する。

　上記の4つの特徴は，コンサルタントとコンサルティの対等な関係を重視する。コンサルテーション関係について，教師が生徒をコンサルタントに送り，「治して」もらうことだという誤解がある。

コンサルテーション略史

　コンサルテーションは病院や精神衛生クリニックで始まった。医療スタッフが診断のため，さらなるサービスを求めたのが起源である。問題解決のために助力を仰ぐアプローチは産業界，地域機関，学校にも拡がった。

　コンサルタントの役割は，提供されるサービスにより異なる。「専門家」とし

てのコンサルテーション役割を Schein（1969）は述べている。例えば家庭医が患者の皮膚状態を診断できない場合，皮膚科医にリファーする。皮膚科医（コンサルタント）は診断と治療を行う。

「処方モード」は，よりスクールカウンセラーに近いコンサルテーション役割である。コンサルタントは情報収集を行い，問題を診断し，とるべきステップを告げる（Kurpius & Brubaker, 1976）。これはコンサルタントだけが結論と解決策に到達し，それをコンサルティに与える点で，医師の役割に似ている。

スクールカウンセラーに最も近い役割は「協働者」であり，コンサルティと関係を形成して変化を支援する。そこでは共同診断を行い，コンサルティが解決策を考えるのを援助する。コンサルタントは問題解決の促進者となる。この役割の利点は，コンサルティがスキルを獲得でき，コンサルタントに依存しないことである。

Dougherty（2005）によると，今日のカウンセラー／コンサルタントの起源は1920年代のスクールサイコロジストにある。1950年代の出来事が，学校を現在の姿に近づけた。1954年のセイヤー会議で，NASPが結成された。1957年，ソ連はスプートニクというバスケットボール大の物体を打ち上げ，宇宙競争が開始された。より優れた人工衛星を打ち上げられる，優秀な科学者を養成することを目的に，莫大な資金が教育に投じられた。

1958年のNDEAが，それを財政面で支援した。1862年の法律でランドグラント大学が設立されて以来，これほどの資金と労力が教育に投じられたことはなかった。そのとき「小学校スクールカウンセラー」という新しい職業ができた。

これらのカウンセラーは伝統に縛られなかった。大学に助言や検査を求める必要がなくなったので，クラスのダイナミクスに注目する時間ができた。小学校スクールカウンセラーの学術誌が，1963年に創刊された。ほどなく教師・親へのコンサルテーションを扱う論文が書かれるようになった。1968年までに12本のコンサルテーションに関する論文が書かれた。

1966年，スクールカウンセラー教育に携わる教授らによる報告書は，コンサルテーションをスクールカウンセラーの役割として位置づけた。1973年には，学校コンサルテーションに特化した先駆的業績の1つとして，本書の初版が出た（Dinkmeyer & Carlson, 1973）。

1975年制定の法律により，特別なニードをもつ生徒とその親への関わりが，コンサルテーションの中核となった。全障害児教育法（PL94-142）は，特別なニードを持つ生徒を支援するために学校が行う努力と同義である。この潮流は障

害者教育法（IDEA, 2004）として継続されている。

　落ちこぼれ防止法（NCLB, 2002）は，学力向上へのアカウンタビリティを学校に求めている。それにより，ハイステークス・テストの比重が増している。ハイステークス・テストが重んじられるようになると，スクールカウンセラーが本来の役割ではない，テストの実施を担うようになった（Brown, Galassi, & Akos, 2004）。アメリカ・カウンセリング学会（ACA, 2014）と ASCA（2014）は，ハイステークス・テストの使用に関する意見表明を行った。そこには生徒の学力向上を評価する多元的，高品質，公平な評価法の使用も含まれる。とはいえ，別のアセスメント法が重んじられるまでは（Duffy, Giordano, Farrell, Paneque, & Crump, 2008），スクールカウンセラーはコンサルタントとして親，教師，管理職，生徒にハイステークス・テストに関わる受験スキル，タイム・マネジメント，ストレス・マネジメントを教える立場になる（ASCA, 2014）。

情報の共有

　コンサルタントは，コンサルティに新しいアイデアをもたらす。また，コンサルティが自分に合った解決法を見出せるように援助する。さらに，将来も同様の問題を解決できるよう，コンサルティにスキルとシステマティックなアプローチを教える。コンサルタントのレパートリーには，不適切な行動の目標，グループダイナミクス，教師のビリーフ，しつけ，動機づけ技法などが含まれる。第4章ではこれらの情報と，コンサルテーション関係に合った教え方を提示する。

　コンサルタントのレパートリーの特徴は，コンサルティに役立つと考えられる，人間行動の理論に沿うことである。私たちのアプローチを要約すると，次のようである。たとえ不適切であれ，あらゆる行動は理解可能な目的を持つ。また変化のためには，変化に最も強い関心を持つ人であるコンサルティが，新しい行動を開始する必要がある。

共鳴板となる

　ほとんどのコンサルタントは，カウンセリングと傾聴の訓練を受けている。コンサルティが状況を説明する際には，効果的な傾聴が情報収集より大切になる。有能なコンサルタントは反映的傾聴ができる。これはカウンセリングとコンサルテーションに共通する，基本的スキルである。Ivey & Ivey（2004）は，「クライ

エントのストーリーを聴く」こととする。このような土台にコンサルテーションを置くと、ストーリーから目的、強み、ビリーフに向かう手がかりを得られる。また、コンサルタントは傾聴するに留まらず、効果的な質問によって行動ダイナミクスの理解を進める。選び抜かれた質問は、有効な情報収集につながる。

対等な関係をつくる

　優位 - 劣位の関係では、コンサルティの要請を受け、コンサルタントがアドバイスを処方する。私たちは対等な関係性を重視する。対等性とは、状況を変えるためにコンサルティも同等の責任を負うことを意味する。それがコンサルテーション関係を促進する。こうしたコンサルテーション関係の捉え方は、学校でのコンサルタントの役割に関する、これまで浸透してきたビリーフと異なる。

ビリーフと行動を変化させる

　コンサルテーション面接を行っても具体的な行動をとらなければ、変化は生じない。コンサルタントは提案の専門家ではなく、コンサルティが活用可能な対策を練れるようにする「促進者（ファシリテーター）」である。コンサルティが練る対策について、コンサルタントが完全に満足したり、関与しなくてもよい。対策はコンサルタントだけでなく、コンサルティからも出される。対策は行動だけでなく、コンサルティのビリーフを扱うこともある。ビリーフは行動を喚起する。

有効な役割

　教師、管理職、親にコンサルタントの役割を理解してもらう必要がある。伝統的なカウンセラーの役割との違いを、これらの当事者に知ってもらわねばならない。解答を与えるだけなら、有効なコンサルテーション関係と言えない。当事者の要求は混乱していたり、依存的な場合もある。それにただ応じるのがコンサルテーションではない。以下に例を挙げる。

　　3年生担当のペイジ先生は、よく生徒をスクールカウンセラーに送ってくる。生徒たちはクラスをかき回しており、スクールカウンセラーに手厚く関わってもらうのがよいと言う。

スクールカウンセラーは校長から，学校の生徒指導システムに参加するよう打診された。週2回以上，オフィスに送られた生徒は，スクールカウンセラーと面接しなければならない。

ある5年生の生徒の母親は，息子の成績に改善がなければ，留年させられるのではと心配している。スクールカウンセラーは教師や校長と話をするべきだろうか？

これではコンサルテーションは効果を発揮できない。各々が変化に関して持っているビリーフを，コンサルタントは理解する必要がある。上記の状況では，カウンセラー（コンサルタント）が問題を解決してくれるとコンサルティは思っている。コンサルタントが子どもを「治して」くれるという，問題解決に関するビリーフが浸透している。

問題の所有者

「誰が問題の所有者か」が重要だとコンサルタントは理解している。コンサルティが問題を抱えてコンサルタントを訪れるなら，コンサルティが問題の所有者である。誰の問題かで，次のステップが決まる。

先のペイジ先生の例では，生徒たちは「彼女」にとっての問題であり，「彼女」が代替行動をとれることを理解してもらう必要がある。校長の例では，生徒指導は教師や管理職の仕事であり，生徒を状況から切り離してスクールカウンセラーと面接させてもシステムの変化につながらないと，理解してもらう必要がある。心配する母親の例では，子どもや重要な他者との有効な関わり方を彼女に学んでもらうのがよい。それには，子どもの幸福に益する決定をすることも含まれる。

スクールカウンセラーはリファーする生徒のリストを渡されることも多い。リファーする教師はコンサルタントに問題解決を期待しているので，たいてい友好的・協力的である。自分の問題が見えていなかったり，変化の必要を感じていない生徒への関わりをスクールカウンセラーに求めることもある。リファーする教師が関与しないのは，スクールカウンセラー（および生徒）にとって大きな損失である。

とはいえ，リファーする教師と関わることで，コンサルテーションは有効性を増す。教師は混乱し，戸惑っている。問題の所有者は教師であり，彼らはそれを解決してもらおうとする。教師が問題を引き受け，解決に責任をとるのを援助す

れば，困難は解消する。「変化を求める者が，それを創造できる」。援助を求める者が，それを得られる。また援助を求める者は，自らも助ける。

不適切な行動をとる生徒のリファー先であるだけなら，スクールカウンセラーはコンサルタントと言えない。教師が同程度に関与しなければ，コンサルテーションではない。近年の研究者は学校現場でコンサルテーションが役立つことを明確に示しているが，コンサルテーションの一致した定義はまだない（Brown, Kurpius, & Morris, 1988; Dougherty, 2005; Hansen, Himes, & Meier, 1990）。

コンサルテーションの優先事項

有効なコンサルテーションは，生徒個人よりも教師，親，管理職，カリキュラム，クラスに関わる。コンサルタントは，自分の仕事を明確に説明する必要がある。各々の学校やコミュニティには優先事項がある。どの対象者にも学びの機会があることをコンサルタントは強調する。次のような変化が想定される。

- 効果的な教授法に関する教師教育（例：動機づけ，しつけ，グループワーク，コミュニケーション）
- 効果的な育児法に関する親教育（例：不適切な行動の目標，動機づけ，コミュニケーション，しつけ，家族会議）
- 教師や親が日常的問題に対応できるように，毎週の問題解決グループ（Cグループ）を行う
- 教師や親と個人面接し，自分自身や特定の生徒の問題解決を援助する
- 管理職と個人面接し，問題の解決を支援する
- 生徒が必要なライフスキルを学べるカリキュラムを作成する（例：問題解決，目標設定，価値の明確化，自己教育，自己動機づけ）

必要な人が支援を受けていないと，コンサルタントはよく不満を述べる。そうした状況に気を落とさないほうがよい。医療におけるトリアージの考え方が参考になる。トリアージでは負傷者を「軽傷」「中程度の負傷」「生命に関わる負傷」の3グループに分ける。軽傷者と関われば，悪化を防ぐことができる。もし生命に関わる負傷者だけに関わり，さらに救命できなければ，ひどく落ち込むだろう。援助を求める人々を支援することから開始するとよい。

テクノロジーの活用

　学校関係者にとって，電子メールは電話，面談，手紙によるコミュニケーションに取り替わった。コンサルタントにとって，電子メールは有効なツールとなりうるか？　Krugerら（2001）の調査によると，電子メールは教師の疎外感を軽減し，知識を高めていた。コンサルタントはその他のテクノロジー，例えばショートメッセージ，ブログ，SNS，仮想世界，YouTube，学校のウェブサイトなどを活用し，親，教師，管理職，生徒とコミュニケーションをとれる。コンサルタントは家族を支援するのに，電話や面談に頼る必要がなくなった。Doodle, Poll Everywhere, Survey Monkey, Google Driveなどの無料通話アプリやウェブサイトを用いて面談を設定できる。面談のたびに，親に学校まで出向いてもらう必要もない。テクノロジーを使える親は，テレビ会議（例：Skype, Google Hangout）によって家や職場から面談に参加できる。とはいえテクノロジーによるコンサルテーションは，それを使えない親が利用できない。

　旧来のコミュニケーション方法は，住所が定まらなかったり，テクノロジーにアクセスできない親には有効でない。年に何度も転居したり，電話番号を変更する家族もいる。とはいえコンサルタントは，関係者に公平なアクセスの機会を提供すべきである。学校から連絡してほしい家族も，訪問して情報を伝えてほしい家族もいる。職場に来てもらいたい家族もいる。それゆえ，どんな方法でコンサルタントとコミュニケーションしたいのか，家族に聞く必要がある。

　校外で人々とコミュニケーションをとるほかに，校内でさまざまなデータ管理システム（例：Naviance, SWIS, Skyward）を利用できる。スクールカウンセラーはこうしたシステムを用いて，コンサルテーションが与えた影響を評価できる。次々と生まれるテクノロジーは，コンサルタントとコンサルティの学習プロセスを向上させていくだろう。

　本書には付属ウェブサイトがあり，事例を動画で視聴できる。動画の目的は，教師コンサルテーションと親コンサルテーションの実際を説明することである。6つの事例により，読者は概念と実践を統合できる。20年前には，こうしたテクノロジーは利用できなかった。

まとめ

　コンサルタントは対人関係，学習プロセス，グループ技法を用いて，教職員と生徒の支え合いを促進する。本書では有効な人間関係を促進するような，人間行動の理論を提示した。そこには人間関係の専門家であるコンサルタントが依拠する理論，教師・管理職・親に対するコンサルテーションの理論と実践，個人やグループとの具体的な関わりが含まれる。またクラスおよび学校全体のシステム，人間の可能性を引き出す方法を論じた。

振り返りの質問

1．専制主義から民主主義への転換は，社会や学校にどんな影響を与えたか？
2．民主的な人間関係の特徴は何か？
3．実際に人々は対等に暮らしているのだろうか？
4．より有意義な学びができるように，コンサルタントはどう教師を支援できるか？
5．学校がどう生徒の勇気をくじき，自尊感情を低下させるかを述べなさい。
6．人間らしさとは何か？　学校は人間的な環境をどう生み出しているか？
7．どんな原理により，あなたは学校でコンサルテーションを行うだろうか？　あなたの優先順位をつけなさい。
8．コンサルテーション関係の4つの特徴とは何か？
9．あなたはコンサルテーションをどう定義するか？

第2章　コンサルタントの役割

はじめに

本章では次のことを学ぶ。

・スクールカウンセラーに期待されてきた役割。
・スクールカウンセラーの新しい役割。
・コミュニケーション・スキルの重要性。
・一次予防の重要性。

事例

あなたは高校でスクールカウンセラーをしている。業務の1つは、生徒がキャリア計画を立てるのを支援することである。2年生までに、生徒は卒後の進路を決める必要がある。あなたが担当する生徒の多くは低所得層の出身で、大学生となれば前途有望な移民の二世である。だが、彼らの親は大学を受験し、入学して成功するという経路に馴染んでいない。さらに、コミュニティ・カレッジや大学への進学を諦め、フルタイムの仕事に就くよう教師が彼らに勧めるのを見聞きする。こうした生徒のニーズに応えるために、あなたはどんな役割をとるだろうか？

人間の可能性

学校は、生徒の自己認知や自尊感情に影響を及ぼす。1963年の時点で、学校に通うほど生徒の自尊感情は低下することが研究で示されている（Combs & Soper, 1963）。学業成績と自尊感情の関連などのトピックで、数十年にわたり実証研究が活発に行われてきた（Alves-Martins, Pelxoto, Gouvela-Pereira, Amarai & Pedro, 2002; Booth & Gerard, 2011; Clemes & Bean, 1981; Wiggins & Schatz, 1994）。

学校システムを通過することで、生徒の自尊感情は変化するのか？　これは1

年生と 11 年生の平均的態度を比較すれば明らかになる。10 年間も学校に通っても，高校生は高い自尊感情を得るわけではない。登校しなくなり，ドロップアウトする生徒もいる。学校体験は自尊感情を形成することも，損なうこともある。小学校 2 年生までに子どものライフスタイル，すなわち自己・他者に関するビリーフは確立される。

　自尊感情と自己概念という用語は混同されやすい。King（1994）はこのトピックを詳しく検討し，それらが教育の本質に関わる重要概念であることを指摘している。自己概念は自分についての認知であり，自尊感情は自己概念への満足度として定義される。例えば，ある生徒の自己概念は「私はあまり頭が切れる人ではない」であり，自尊感情は「でも，他に得意分野があるから大丈夫」であったりする。「自尊感情を高めるためのカリフォルニア特別委員会」（カリフォルニア州教育局，1990）は，「自分自身の価値を認め，……自己と他者に向けて責任ある行動をとるような性質」と自尊感情を定義する。

　自尊感情と学力・成績との関連は，長きにわたり関心の高いテーマである。Moeller（1994）は次のように述べる。

「子どもの自己概念は，少なくとも部分的には小学校初期の成績で決定されると，調査研究で一貫して示されている。それゆえこの時期は，子どもが学業面で成功できるよう支援することが大切である。学業面の自己概念は，中学・高校での成績にも影響を及ぼすと思われるためである」

　研究者は自尊感情に関心を持ち続けてきた。ある英国の研究は，学業面の自尊感情が高い子どもと，成績が振るわずに学業から遠ざかる子どもを見出した。Humphrey, Charlton と Newton（2004）によると，これは青少年の「学業的カウンターカルチャー」によるものであり，12 歳頃は成績不振者にとって認知的再体制化の臨界期と言える。

　子どもは小学生期の学校教育から，発達面で大きな影響を受ける。コンサルタントが学習における情動（自己概念）と認知の相互依存関係を理解していれば，ポジティブな影響力が生じる。この重要な分野への私たちのアプローチは，2 つの包括的な教育プログラムに示されている（Dinkmeyer & Dinkmeyer, 1982a, 1982b）。これらは第 6 章で説明する。

表2.1 小・中学校教師が求めるコンサルタントの特性（Dinkmeyer, 1987）

特性	%
豊かな知識	26
コミュニケーションと傾聴の能力	19
特定の技法，実践的アプローチ	11
専門性	8
人柄の良さ	7
クラスに来てくれる人	6

コンサルタントの特性

アメリカ・カウンセラー教育協会（ACES）のコンサルテーションに関する特別委員会が行った非公式調査では，有用なコンサルタントの認識について興味深い知見が得られた。質問項目は1つで，「学校で教師を支援するコンサルタントに求める特性，スキル，能力を3つ挙げてください」であった。49校の小・中学校教師が回答した。6つの主な特性を表2.1に示した。

これらの特性は，第1章で示した有効なコンサルテーションの定義と一致する。有能なコンサルタントは専門的な知識やスキルを持ち，コンサルティと共有する。

コンサルタントは人々と協働する

コンサルタントは特定のコンサルティと協働する。コンサルティは，職場に関わる問題を持ってくる。コンサルティのほとんどが教師であり，生徒や生徒集団の問題を抱えている。コンサルタントは協働しながら，教師を教育する役割を担う。つまりコンサルタントはコンサルテーションという作業のダイナミクスをわかりやすく説明したり，問題への対処法についてアイデアを提供できる。コンサルテーションは1回または数回で終結する関係だが，その終点や目標が関係を促進してくれる。状況に不満があれば，コンサルティは改善を求めてもよい。

私たちはコンサルテーション・モデルを「三者関係」と見なす。すなわち臨場する機会は少ないが，コンサルテーションから直接に影響を受ける第三者が常に存在する。またコンサルタントは，学校システムの内部にいる場合と，外部にいる場合がある。内部コンサルタントは，その学校に勤務するスクールカウンセラ

ーである。外部コンサルタントは，複数校を担当する専門家（カウンセラーの場合もある）である。

人間としてのコンサルタント

　有用なコンサルタントは，人間の可能性を引き出すような資質や能力を備えている。コンサルタントの訓練コースには，多くのグループ体験が含まれる。それにより自己，自己が他者に与える影響，自己の価値観や目的への気づきが促進される。

　コンサルタントは，次の領域で有能であることが求められる。

1. **他者が自分の世界をどう経験しているかを共感的に理解できる。**
2. **明確な目的を持って子ども・大人と関わる能力**。ラポールを確立する能力，効果的な協働関係を構築する能力，効率よく時間を使う能力が含まれる。コンサルテーションの目的に適う，コンサルティとの関係性を構築する能力。
3. **人間のニーズへの感受性**。その人のニーズを認識し，ファシリテーターとしてニーズを充たせるように支援する。
4. **心理的ダイナミクス，動機づけ，行動の目的を理解できる。**
5. **教育現場におけるグループ・ダイナミクスとその重要性を理解できる**。コンサルタントは，集団圧力が教師に及ぼす影響を認識する。すなわち外的圧力（例：管理職，親），内的圧力（例：自分自身の目標や目的）というコンテキストで教師を見る。
6. **相互信頼と相互尊敬を伴う関係を構築する能力**。コンサルティが個人かグループかを問わず，互いの信頼感を高める必要がある。相互尊敬には，コンサルティを協働者と見なすというビリーフが含まれる。
7. **重要な問題でリスクをとる能力**。人間の発達に影響を及ぼす重要な問題について，自分の態度を明確にする。勇気を持って人生に取り組むことが，コンサルタントに求められる。これには「不完全を受け入れる勇気」「たとえ失敗しても，それを理解できれば貴重な学びとなる」「人は失敗を恐れて，動けなくなることはない」などの態度が含まれる。こうした勇気は，グループ体験やスーパービジョンで養われる。
8. **援助関係の必要・十分条件を構築する能力**。これは最も重要な資質である。コンサルタントには創造性，自発性，想像力が求められる。コンサルタ

ントは立場上，校長に秩序と構造化を求められながら，参加，ケア，注目を求める子どものニーズに同時に対応することもある。そのため，柔軟性と臨機応変な対処能力が求められる。
9. **さまざまなレベルでリーダーシップをとれる能力**。管理職は，人間行動を理解する専門家としてコンサルタントを見る。親は児童心理学の専門家としてコンサルタントを見る。教師は，生徒の問題を改善してくれる人物としてコンサルタントを見る。生徒は自己理解と他者理解を支援してくれる人物としてコンサルタントを見る。

　上記の資質と能力を持つ人材は，大学院で知識を学ぶだけでは生まれない。むしろ自己への気づきや，自己が他者に与える影響への気づきを育てるような訓練プログラムから生まれると私たちは考える。こうした成長のためには，定期的にグループ体験をするのが最適であろう。それにより，自分が周囲の仲間に及ぼす影響に気づくことができる。子どもは支援できるが大人は支援できないとか，あるいはその逆など，能力の欠けた人に援助職は務まらない。学校コンサルタントには，あらゆる年齢や社会階層の人々と関係を構築する能力が求められる。
　これらは高い要求水準と言える。訓練修了の時点では，このレベルに達していないコンサルタントもいよう。そして人間は成長し続ける存在である。ともあれ，こうした特性は決して空疎な決まり文句ではない。座学の訓練コースだけでは，力量のあるコンサルタントは養成できない。**有効な援助関係を築く能力の欠如が，コンサルタントの成長を妨げる最大の要因である**。

コンサルテーションにおけるコミュニケーション

　コンサルタントは人間関係の専門家であると同時に，コミュニケーションの専門家でもある。コンサルタントとコンサルティが発したメッセージは，内容や感情などの多面性を持っている。コンサルタントは能動的で熟達した傾聴者として，言葉と感情の両方を聴いてメッセージを理解する。またコンサルティがメッセージ全体を聴くことで，よい傾聴者になれるよう支援する。
　複数のメッセージ間で齟齬が見られることもある。コンサルタントは，感情と矛盾した言葉に留意する。例えば「私は幸せだ」「私は怒っている」にもさまざまな言い方があり，言葉と一致しない感情が表現される。声の調子，表情などの非言語的手がかりにも留意する。コンサルタントは，ストレスへのさまざまな対処法に気づく必要がある。Virginia Satir（1988）は，操作的応答と実現的応答

の違いを分析する枠組みを考案した。コンサルタントが目指すのは，傾聴，理解，協働的な意味づけを伴うコミュニケーションとして応答を展開することである。

今日でもよく見られる応答のタイプを次に示す（Satir, 1988）。

1. **なだめる**：安全を優先し，なだめたり，殉教者のようにふるまう応答スタイルである。自分をないがしろにして，他者のどんな提案にも同調する。
2. **非難する**：攻撃的な応答スタイルである。他者に利を奪われるのではと疑い，「自分が一番だ」「他者に価値はないので，排除すればいい」と思っている。これは「ボス」の応答スタイルに分類されてきた。
3. **理性的なふるまいと隠し立て**：自分の正しさを強調し，他者に弱みを見せない応答スタイルである。話し方はコンピュータのようで，感情を示さない。
4. **回避と無関係**：まるで「精神病者」のように，他者と関わりがないかのように話す応答スタイルである。「私はここにいない。あなたもここにいない」とばかりに，コミュニケーションをとろうとしない。
5. **一致**：実際のコミュニケーションでは，感情と言葉が一致する。こうした応答をする人は，現実的で安全な関係を形成しようとする。コンサルタントはこのレベルの応答を目指して，コンサルティと協働する。

それ以降もコミュニケーションの性質を評価するシステムが多く考案されたが，その前提には共通性がある。低レベルの応答では，コミュニケーションの内容を認識していない。中レベルの応答では，語られた言葉に伴う感情の理解が始まる。高レベルの応答では，内容と感情の理解が対話の中で表現される。

Satir の研究は有用なコミュニケーション法を提示した古典として引用されるが，他のメンタルヘルス専門家もこの分野を発展させてきた。Hawes（1989）は，教師－生徒間のコミュニケーション訓練を考案した。そこでスクールカウンセラーはコンサルタントやトレーナーを務める。

言語的メッセージはしばしば破壊的であり，人々の成長を妨げる。効果的ではないコミュニケーションが生じるのは，無益なメッセージを送るためである。そうした例を以下に提示する。

1. **指示と命令**はコンサルテーション関係の互恵性を否定するため，有効ではない。

2．特定の行動を制止するためにコンサルティに**注意と警告**を行うのは，審判的な態度を反映している。それにより罪悪感や怒りが生じる。
 3．押しつけや説教は，「私のやり方が一番だ」というメッセージを伝える。コンサルティの自己決定権は否定される。
 4．詳しい聴きとりをせずに助言や提案をするのは，本来のコンサルテーション関係から逸脱している。
 5．講義は有効なコンサルテーション・スタイルでないため，大学の授業ですればよい。
 6．審判と批判は，コンサルタントの立場を押し上げる。そのため両者は対等にコミュニケーションできなくなる。
 7．賞賛と同調は，効果がない動機づけ技法である。
 8．野次を飛ばしたりからかうのは，運動場ですればよい。
 9．解釈と分析は，コンサルテーションの初期に行うべきではない。
10．安易な保証や同情は嘘だと思われやすく，効果的な勇気づけスキルと言えない。
11．詮索的な質問は，コンサルティの準備が整っていなければ不適切である。
12．話をそらしたり，話題にしなかったり，冗談で取り繕うことは，コンサルティの問題にしっかり取り組んでいると言えない。

　コンサルティが語るさまざまな言葉が，有用でないコミュニケーションを生じうる。コンサルタントは調和のとれたコミュニケーションを確立し，無益なコミュニケーションの兆候を察知できるようにする。**コンサルティが無益なコミュニケーション・パターンに気づけるよう支援することは，コンサルテーションの重要なステップである。**

先導し，相互作用するコンサルタント

　コンサルタントのコミュニケーション・スキルが低いと，コンサルテーションは効果を発揮できない。言語的・非言語的メッセージが混乱していれば，開かれたコミュニケーションは難しくなる。コンサルタントが自分の役割をよく認識していないと，全ての問いに正答を与えるような「専門家」像を創り出してしまう。教職員はそうしたコンサルタント像を受け入れて，問題を持ってくるようになる。

むしろコンサルテーションは協働的プロセスであり，コンサルティが仮説生成や代替案の検討に全面的に関与する。相手に代わって魚を釣るか，釣り方を教えるかという話である。前者には毎日の関わりが必要であり，後者は1回のレッスンで足りる。

　有効なコンサルテーションは，クライエントやコンサルティの個別性に合わせて調整される。それにより開かれたコミュニケーションが生まれる。そこではあらゆるメッセージを対象とする。特にコミュニケーションの内容に伴う感情や意味づけは，日々の社交や専門家同士の会話では看過されやすい。

　こうした開かれたコミュニケーションは，説得，講義，助言，意見の共有に留まらない。私たちはアイデアの共有と探求を促進する雰囲気づくりを心がける。**有効なコンサルテーションには，認知と感情の両面が関わる**。すなわちアイデアを共有・検討し，当事者全員の感情を探求し，行動に向けて取り組んでいく。こうした関係性は，情緒的コミュニケーションは双方向的であるという前提に依拠する。そして相互にフィードバックを重ねながら，メッセージとその意味を明らかにしていく。

　コンサルテーションの本質はコミュニケーションである。コンサルタントは送られたメッセージを理解するとともに，コンサルティとの関係性に注意を払う。そのために，コンサルティとの相互作用において展開される言語的・非言語的コミュニケーションや印象への気づきを深める必要がある。

　コンサルタントの先導は，コンサルティの反応や相互作用のきっかけとなる。次のような先導が，コンサルティの反応に影響を与える。

1．内容に焦点を当てる技法：
- ・「……について教えてください」のように，話を続けやすくする。
- ・「……であると，あなたは考えているのでしょうか」のように，ビリーフを確認する。
- ・次のような質問で，クライエントとの相互作用を明確化する。
「あなたは何をしましたか？」
「子どもは何をしましたか？」
「子どもはどう反応しましたか？」
「あなたはどう反応しましたか？」
「あなたはどんな気持ちでしたか？」
「子どもの反応に対して，あなたはどうしましたか？」

「あなたの反応に対して，子どもはどうしましたか？」

2．**感情に気づき，表現するのを促す技法**。以下の技法により，コンサルティは感情への気づきを深め，コンサルタントは理解，感情，共感を表現できる。感情を引き出すことで，全人的な姿勢でコンサルテーションに取り組むようになる。
  ・感情の語り直し
  ・感情の伝え返し
  ・沈黙

3．**相互作用における，一方の自己理解と気づきを促進する技法**：
  ・「あなたは……と考えるのですね」のように明確化する
  ・内容の語り直し
  ・内容と隠されたメッセージの語り直し
  ・質問により，クライエントとの相互作用でコンサルティがどんな心理的運動をしているか，理解できるようにする

4．**新たな応答を促進する技法**。コンサルティとクライエントの関係を改善したり，行動を変化させる方法である。
  ・勇気づけ
  ・選択肢の拡大
  ・視野の拡大と代替案の提示
  ・目標設定
  ・方法の整備
  ・変化に向けた計画の策定

　コンサルタントのパーソナリティや依拠する理論により，先導の仕方は変わる。先導は機械的には行えない。コンサルティへの細心の配慮と適切なタイミングが不可欠である。コンサルティのパーソナリティや変化への意欲を考慮して，技法を適用する必要がある。例えば脅威や恐怖が存在せず，非審判的と感じられる関係や雰囲気があってこそ，「選択肢の拡大」という技法は有効となる。評価と診断は，コンサルタントとコンサルティの協働で行われる。コンサルタントは，解決策を処方しない。フィードバックと受容を伴わない処方・診断は有効ではない。

コンサルテーションのプロセス

　有効なコンサルテーションでは，協働して目標を設定する。コンサルティの認知，ビリーフ，価値観，態度は，彼らの生徒観・教育観に影響を与えている。コンサルティが語り始めると，コンサルタントはしっかり傾聴する。開始時のやりとりは，その後の関係性を左右する。協働的な診断・治療を行うためにも，初期の相互作用は重要である。そのために雰囲気やコミュニケーションを形成し，その後のコンタクトに向けたパターンを作ろうとする。コンサルティにとっても，初期の相互作用は悩みに対処するための助けとなる。
　コンサルタントが指示的に，出来合いの回答や間に合わせの解決策を提示することもある。「彼女にもっと愛情を注いで」「生徒の個性に合わせた指導を」「良い行動を強化して」などは，必ずしも悪い応答ではない。とはいえ，両者の相互作用で見出された強みや傾向に合わせて，応答を考えるべきである。コンサルティは助言的な回答を，薄っぺらなものと感じやすい。
　コンサルタントが自己開示，直面化，暫定仮説などを用いて積極的に先導すると，抵抗を生じやすい。また外的準拠枠に由来する見方を提示すると，コンサルティは審判的で権威主義的な物言いと受け取りやすい。かくして協働的関係への抵抗が生じる。もしコンサルティの意味づけや主観的認知に適合していれば，積極的に先導してもコンサルテーション・プロセスを妨げない。
　直面化は，コンサルティが個人的経験に直接触れるための手段となる。率直な直面化は，建設的な治療プロセスや心理的運動につながり，最終的には建設的な治療的利益や変化を生じうる。こうした直面化というコンサルテーションの権力的要素はコンサルティに違和感を生むが，自分の目標，思想，行為，習慣が調和していないことにも気づかせてくれる。
　クライエントとコンサルティの生活状況や認知を協働的に検討したり，印象を率直にフィードバックすることで，診断が促進される。クライエントとコンサルティの長所や強みを探すことが，この局面の特徴である。積極性に欠ける先導は害をもたらす危険は低いが，効果がなく停滞した状態に陥り，コンサルティが気づきや新たな対処法に至らない可能性も高い。

不全感と落伍感

　現代の教育課程で成功を収められない子どもや青少年が増加している。低学力，薬物やアルコールの乱用，ドロップアウト，無気力な生徒などの問題を見ても，それは明らかである。この社会は，自分は駄目な落伍者だと感じる子どもや大人を大量に産み続けている。
　教育に関心が深い精神科医のWilliam Glasser（1969）は，失敗について考察し，次の原理を見出した。

　「過去にどれだけ失敗しようと，成育環境，文化，人種，経済的地位がどうであろうと，人生のある重要な側面で，何らかのやり方で一度でも成功を経験しない限り，その人は成功できない」

　Glasserによると，学校で成功できた子どもは，人生でも成功を収められる可能性が大きく高まる。逆に学校での挫折により，人生で成功する可能性が減ってしまう。Glasser（2000, 2005）は，最近の著作でも同様の論を展開している。
　学校は失敗や誤りを重視した評価システムと教え方を基盤とする。学校は生徒の強みや長所より，弱みや短所に焦点を当てる。とはいえ，もし学校が「反抗的」「動機づけが低い」「無気力」な生徒や，社会に蔓延する不調和に本気で取り組みたいなら，教育システムに何が欠けているかを検討することから始めるべきである。
　到達水準，脅し，罰を重視する現行の教育では，自分に価値がある感覚は発達しない。どうしたら成功できるというアイデンティティを獲得し，責任感を持ち，貢献できる人間になれるかを，学校はうまく教えられていない。入学当初の生徒は有能感や自己肯定感を持っているが，すぐに不全感を形成してしまう。
　学校は，学びのプロセスに全力で取り組む人間を育てられるはずである（Dinkmeyer & Carlson, 1990）。だが学校は暗記や失敗を重視し，問題解決，自発性，創造性，参加，興味，考える力をほとんど取り上げない。1つの正解や誤りを過度に重視する教育は，他者を思いやり，行動を起こせるような市民を育てられない。民主的社会において，市民は自分が受ける教育を決めるプロセスに参与することで，有用な人間になるための方法を理解する。選択肢を与えられることで，私たちは意思決定の仕方を学ぶ。意思決定，態度，行動の結末を引き受けること

で，私たちは責任感を持てる。

コンサルテーションの段階

　コンサルテーションのプロセスは，段階に分けられる。どう分けるかについて，諸家の見解は一致していない。　Brown, Kurpius と Morris（1988）は5段階または6段階を採用するが，その一部を省いたモデルもある。例えば，多くのコンサルテーション・モデルは関係形成を重視するが，取り上げていないモデルもある。
　基本的な3段階プロセスを検討する。

1．関係性の構築
2．問題や悩みに対応する
3．対応の結果を分析する

この基本サイクルは，コンサルテーションのスタイルや段階を分析するために有用である。コンサルタントは関係を構築し，情報を収集し，問題を明確化し，目標を設定し，方略を実行し，介入結果を評価する必要がある。コンサルテーション・プロセスに共通する特徴がいくつかある。第1に，コンサルテーションは問題解決のプロセスである。第2に，段階を定義したからと言って，各々は独立していない。コンサルテーションは前の段階に戻ったり，後の段階に跳んだりもする。第3に，コンサルタントとコンサルティ，コンサルティとクライエントの関係は同時進行している。どちらの関係にも段階がある。

関係性の構築

　関係性の構築は，コンサルテーションに不可欠な第一歩である。コンサルテーションに関する文献も，関係づくりの重要性を強調している。だが，学校コンサルタントの役割の複雑性に言及した文献はほとんどない。その役割は，コンサルテーションが行われる施設にコンサルタントが常駐しているかで変わる。
　その学校に常駐していないコンサルタントは，外部者として見られる。多くの学校は，20人以上の教職員を擁する。彼らは規範と期待を持ち，固い絆で結ばれた社会システムとなりうる。「外部者の助言を受けることを，どう思います

か？」と尋ね，学校の規範を検討するとよい。

　関係を構築するプロセスで，こうした態度は見えてくる。コンサルティが直接にコンサルテーションを求めてきたら，コンサルタントはその時点では受け入れられたと言えそうである。関係構築に向けた対話において，コンサルテーションの受容を話題にもできる。

　関係構築の段階では，カウンセラー訓練で学ぶスキルを適用できる。関心を持って傾聴することが大切である。ボディランゲージ，アイコンタクト，反映的傾聴も，コンサルタントに不可欠な能力である。こうした基本的なコミュニケーション・スキル以外に，コンサルタントは守秘性を保証したり，文化的感受性を持つ必要がある。

問題や悩みへの対応

　関係構築がひと段落すれば，問題を見定めることになる。

対応の結果を分析する

コンサルタントの役割に関する法的・倫理的検討

　未成年者と関わるさまざまな当事者にコンサルテーションを行う上で，コンサルタントは十分な法的・倫理的な検討をする必要がある。守秘性，二重関係，親の権利など，スクールカウンセラーによって多くの倫理的ジレンマの経験が報告されている（Bodenhorn, 2006）。Brownら（1988）およびMcCarthyとSorenson（1993）は，法的・倫理的問題を詳しく論じている。州法がカウンセラーやコンサルタントの役割をどう規定しているかも，十分に知っておく必要がある。

守秘性

　守秘性は重要であるが，見落とされやすい。コンサルテーションを受ける専門家を含め，生徒，家族，教師，管理職に守秘性の限界を周知すべきである（ASCA, 2014）。基本ルールを設定し，各当事者に理解してもらう必要がある。第三者が関与するコンサルテーションに，守秘性の問題は不可避である（Brown, 1993）。コンサルタントは，あえて完全な守秘性を保証しないようにする。伝統的カウンセリングとコンサルテーションでは，倫理的配慮についての違いがいくつかある。スクールカウンセラーは，生徒への守秘と，子どもの情報を

知りたいという親の権利とのバランスを保つ必要がある（Iyer & Baxter-MacGregor, 2010）。この問題は双方の合意を得ることで解決される。かくして守秘性は不可欠だが，複雑でもある。

守秘性に関する事例

　教師はクラスのある生徒について，コンサルタントであるスクールカウンセラーに相談してきた。情報収集を進めるうち，生徒が学校で問題を起こすのは，家庭での虐待やネグレクトが原因ではないかとコンサルタントは考えるようになった。コンサルタント（それ以外の大人も）は虐待の疑いを見つけた場合，州法や地区の教育政策により，通報する義務を負う。だが教師は虐待の可能性を考えようとせず，コンサルテーションを打ち切った。今後のコンサルテーションでは，どうすればこうした結末を回避できるだろうか？
　コンサルテーション関係における現実的なリスクと困難を，この事例は示している。コンサルタントが内部者か外部者かに関わらず，関係構築の段階で，守秘性の限界について合意を得る必要がある。

対等性

　「対等性」も，コンサルテーションの開始時に明確化すべき事柄である。コンサルテーションは，参加する当事者の対等な関係性を志向する。コンサルティは問題への答えを探しているゆえ，多くが自分は対等な立場にあると考えていない。すなわち自分を劣位だと見なしている。
　それゆえ，コンサルタントが勇気づけスキルを用いることが不可欠となる。コンサルタントは言葉で対等性を強調することも，さまざまな行動を通して伝えることもできる。勇気づける行動とは，コンサルティの強み，努力，責任ある行動に注目したり，傾聴，面接の構造化，協働による意思決定をすることである。

対等性に関する事例

　あなたはアフリカ系アメリカ人の多い中学校に勤務する，バイリンガルのスクールカウンセラーである。イネスという母親が，娘のイザベルがいじめを受けているとして支援を求めてきた。イザベルは2年前，家族でメキシコから移住してきた。家族で英語を話せるのは，イザベルだけであった。イネスは自分が娘の助けになれると思えず，専門家であるあなたに頼り切っている。コンサルテーションでイネスを支援するために，どんな方略がとれるだろうか？

この事例は,「コンサルタントは専門家であり,困難の乗り越え方を指南してくれる」という,多くのコンサルティが抱くビリーフを示している。コンサルテーションの初期段階で,コンサルタントへの期待と実際の役割を明確化する必要がある。

コンサルテーションからカウンセリングへの越境

コンサルテーション開始時の検討事項に,「カウンセリングとコンサルテーションの境界」がある。同一の関係性において,コンサルタントがカウンセラーになることは望ましくない。二重関係を生じるためである。だが,カウンセラーの訓練を受けたコンサルタントにとって,これは守り難いルールである。コンサルテーションではコンサルティ自身ではなく,第三者に焦点を当てる。理論的には,カウンセリングとコンサルテーションは異なるものである (Newman, 1993)。しかし,カウンセリングになりうる個人的な事柄を,コンサルティが語り始めたらどうだろうか? カウンセリングへと越境する危険性を,コンサルタントは心得ておく必要がある。

越境に関する事例

コンサルタントは7年生を受け持つ,マルチネス先生に関わることになった。彼女は2人の生徒について困っており,「彼らには本当に腹が立ちます。私の子どもたちを思い出します」と述べた。ここでコンサルタントは,生徒からマルチネス先生の子どもに焦点を移し,カウンセリングに入ることもできる。だが,コンサルテーションの焦点はぼやけてしまう。

この事例ではコンサルティと信頼関係を築くために,傾聴スキルを用いる必要がある。コンサルティの私生活に関する事柄を傾聴するのは,コンサルテーションと言えない。カウンセリングへと関係性を切り替えるか,他の専門家にリファーするか,関係性を打ち切るべきである。

多文化能力

文化の違いは,コンサルティが属する文化でコンサルタントが有効に機能できるかに関わってくる。スクールカウンセラーは学校関係者と協議し,多文化への対応力を持つ教育システムの構築を促進できる (Simcox, Nuijens, & Lee, 2006)。

Gibbs (1980) はコンサルテーション開始時の方向づけに焦点を当て,アフリカ系と白人で関心のあり方が異なることを示した。すなわちコンサルテーション

に入る前に，アフリカ系はコンサルタントの対人関係能力を，白人は技能を重視する。この理論は実証されていないが，コンサルタントが留意すべき文化の違いを示している。社会は均一化に向かっているが，私たちは文化の違いを意識すべきである。

多文化能力に関する事例

スクールカウンセラーは，日系アメリカ人の親へのコンサルテーションを依頼された。日本文化の特徴により，子ども・青少年の責任について問題が生じていた。子どもが責任を負うべきという社会常識が浸透していても，例えば宿題をしなかった結末を経験させることについて，両親はあまり関心を示さなかった。「それはリスクが高すぎます。子どもは一度成功を収めれば，自分のことを考えるようになるものです」と両親は言う。

この事例は，コンサルタントとコンサルティの文化的ビリーフを対比している。どのコンサルテーション関係でも，両者の価値観とビリーフを考慮すべきである。

まとめ

コンサルタントの役割について，20年以上にわたり多くの研究が行われ，さまざまな文献で論じられてきた。本章ではコンサルテーション関係の性質，有効性，コンサルテーションの段階など，主要なトピックを取り上げた。次章からは，コンサルテーションの理論と実践を学んでいく。

振り返りの質問

1. スクールカウンセラーは，学校で働く他の専門職からどう見られているか？
2. 小学校と高校のスクールカウンセラーは，どう違うのか？　その違いは，コンサルテーション関係にどう反映されるか？
3. 教師にとって，望ましいコンサルタントの特性とは何か？
4. コンサルタントの有効でないコミュニケーション・スタイルとはどんなものか？　例を挙げて説明しなさい。
5. コンサルタントの有効なコミュニケーション・スタイルとはどんなもの

か？　同じく，例を挙げて説明しなさい。
6．コンサルテーションの段階について，全ての段階に普遍的な特徴と各段階に独自の特徴を述べなさい。

第3章　コンサルテーションの理論

はじめに
　本章では次のことを学ぶ。

- 有効でないコンサルタントのビリーフ
- アドラー心理学の理論
- 有効なコンサルタントのビリーフ
- 不適切な行動の目標を含む，行動の9つの原則
- しつけの方法

　どのコンサルタントにも，自分なりの人間行動の理解がある。それが人間行動の理論となる。あなたの理論は人生経験，読書，大学院の授業，職場での研修などにより形成される。こうした経験に体系的なビリーフの枠組みを加えれば，行動変化のための基盤ができる。

　理論のための理論をありがたがるのは，頭でっかちの人だけである。コンサルタントが必要とするのは，実践に役立つ理論である。こうした人間行動の包括的かつ実践的な理解は，コンサルテーションに欠けている。コンサルタントと教師は，問題解決につながりそうなルールや規定を設けて，望ましくない行動を除去しようとする。だが一般論的な回答，助言，その場しのぎの解決策は，行動や動機づけの深い理解に基づいていない。それゆえ今日の解決策が，明日の困難を解決するとは限らない。

　本章ではアドラー心理学（個人心理学）を基盤とした，コンサルテーションの実践的理論を提示する。Alfred Adler が創始し，Rudolf Dreikurs らが北米で発展させたアドラー心理学は，コンサルタントのニーズによく適合する。アドラー心理学は行動，動機づけ，しつけ，人間関係を理解するだけでなく，コンサルテーションのさまざまな局面で使える方略を持っている。

有効でないビリーフ

　人間の行動の原因を説明する，多くの有効でないビリーフがある。外的準拠枠は，その一例である。
　ある生徒は，学力テストで高得点をとりながら，学校での成績は芳しくなかった。2つの矛盾した情報をどう説明できるか？　外的準拠枠は家庭，生活環境，仲間や教師との関係など，生徒の外部にある原因に注目する。
　外的な行動の説明として，次のことが挙げられる。

1. **性役割ステレオタイプ**：最近は少なくなったものの，教師や親は，男子の主張的な行動や女子の消極的な行動をジェンダーのせいにすることがある。「男の子はやっぱり男の子だ」という常套句には，人々の理解不足が表れている。性役割ステレオタイプには，運動能力や知能の高低，さらには「男子は非協力的だが，女子は従順だ」などの期待も含まれる。
2. **遺伝要因**：現在のところ，遺伝要因が行動を規定するとは結論できない。先行研究は遺伝によるパーソナリティ傾向やパターンへの影響を示唆するが，それだけでパーソナリティを完全には説明できない。それゆえ，遺伝からはコンサルテーションの手がかりは得られない。
3. **環境要因**：居住地，社会的・経済的地位，養育者が1人か2人かが，行動を決定するわけではない。
4. **年齢と発達段階**：「魔の2歳」「思春期の反抗」など，年齢が行動を規定すると考えることである。不適切な行動を発達段階のせいにすると，個人の行動への責任を棚上げしてしまう。
5. **家庭環境**：離婚，再婚，共働き，片親，祖父母による養育などの家庭問題は，子どもに悪影響を与えると思われやすい。家庭環境はリスクを高めたり低下させるが，子どもは各々の環境で適切な行動を学ぶことができる。

　今日の生徒を取り巻くネガティブな外的要因は，増加の一途をたどっている。とはいえ，生徒のパーソナリティがそれだけで決定されるわけではない。そうでないと，コンサルタントは有効な提案や方略を使えない。年齢，ジェンダー，環境が問題の原因なら，コンサルタントに何ができるだろう？　こうした固定した変数は問題を説明するだけで，実行可能な解決策を提示していない。

また外的準拠枠は，さまざまな事実や意見を求める。事例検討会や職員会議では，多様な考えが寄せられる。そこではバイアスのない，科学的な意見が望ましいとされる。そこでは各職種の専門家（例：教師，ソーシャルワーカー，管理職，スクールサイコロジスト，スクールカウンセラー）が，生徒に関する事実や情報をパズルのピースのように持ち寄る。だが各専門家によるピースは，必ずしも全体像を浮かび上がらせ，生徒の意思決定，パーソナリティ，行動を説明できるとは限らない。各々はその人にとって「正しい」意見であっても，それらを合わせると，生徒の支援に役立つ見方とはならない。

　行動は内的準拠枠を通して，最もよく理解される。その生徒にとって，行動はどんな意味を持つだろうか？　行動は個人の認知から生じるので，私たちは生徒とコンサルティの認知を理解しようする。注意深く観察すれば，生徒の感情，態度，目的が見えてくる。行動の理解が，アドラー心理学によるコンサルテーションの基礎となる。

アドラー心理学によるコンサルテーションの原理

　コンサルテーションの目的は教師，管理職，生徒，親のストレッサーを軽減し，可能性を引き出すことである。誰もが創造的に理解し，変化し，学ぶ力を持っている。コンサルテーションでは，コンサルティのこうした創造性を活用する。それにより，私たちがコンサルティに教えたスキルが，コンサルティが関わる人々にも影響を及ぼすようになる。

　例えばロドリケス先生は，スクールカウンセラーとのコンサルテーションを開始した。彼女はクラスにいる何人かの生徒が能力を十分に発揮できていないと思い，彼らの行動を変えたいと思っていた。教師は変化を求めて，コンサルタントを訪れる。それゆえコンサルテーションを開始する基盤は，変化の希求と言える。「問題」が存在するという認識が，コンサルタント-コンサルティ関係の基盤となる。第1章ではコンサルテーションの当事者として，コンサルタント，コンサルティ，問題またはクライエントを規定した。有効なコンサルテーション関係は，人と問題を分離する。

　ロドリケス先生は，「問題ある生徒」のことでコンサルタントを訪ねた。ここでの「問題」は，次のものだろう。

1．生徒か。

2．望ましくない行動を引き起こしている，生徒のビリーフか。
3．生徒やその行動に関する，教師のビリーフか。
4．教師が生徒にうまく対応できていないことか。

　上記の4つの可能性は，何がコンサルテーションの基本的問題かを紛らわしくさせる。
　アドラー心理学では，行動とともに**ビリーフ**を検討する。私たちはデータを収集することで，ビリーフを明らかにする。この「問題ある生徒」の場合，行動を説明してもらうことで，その行動を生み出す教師と生徒のビリーフを鮮明に描き出せる。こうした包括的な記述により，教師－生徒関係への洞察が深まるとともに，効果のないコンサルティのビリーフも見えてくる。この情報は，後にコンサルテーションの介入効果を評価するために活用できる。

有効なコンサルタントのビリーフ

　私たちの行動は，ビリーフ・システムの影響を受けている。有効なコンサルタントは，そうでないコンサルタントとは異なる，人間についてのビリーフを持っている。彼らには行動や動機づけの原理を説明する，明確な枠組みがある。そして何が相手を動機づけるかを見出し，その情報をコンサルテーションでの意思決定に活用する。
　あなた自身のビリーフを知りたいなら，「全ての人々は有能か？」という問いを真剣に考えてほしい。このビリーフを持っているか否かで，コンサルタントの行動はどう変わるだろうか？
　コンサルタントが全責任を引き受けて，相手の機能性を奪ってしまうことは，「全ての人々は有能である」というビリーフと相容れない。それに対して，相手が発達段階に相応の責任を担えるようにすることは，このビリーフと一致する。コンサルタントは自らの行動理論（準拠枠）を使うことで，より一貫性と意図を伴った意思決定ができる。
　指針となる行動理論を持たないコンサルタントは，一貫性がなく効果に乏しい介入をしがちである。彼らは自分が教えることを実践できていない。例えばコンサルタントのウィリアムズ氏は，傾聴スキルの向上を説くが，教師との会話で傾聴を実践できていない。

教師：彼らには本当に腹が立ちます！
コンサルタント：彼らにもっと愛情を与えましょう。
教師：もうやりました！　それでも彼らに腹が立つのです。
コンサルタント：彼らの気持ちに耳を傾けることも大切です。
教師：分かります。それでも彼らに腹が立つんです！

　コンサルタントは，教師の気持ちをしっかり聴けていない。あるいは，的外れな提案をしていると気づいていない。気持ちに耳を傾けることを強調しながら，教師の話に出てきた怒りを傾聴できていない。
　有効な対話では，コンサルタントが時々の教師の気持ちを傾聴している。

教師：彼らには本当に腹が立ちます！
コンサルタント：生徒たちに腹が立つのですね。
教師：そうです。彼らは私の話を聞きません。わざと私を怒らせようとする生徒もいます。

　コンサルタントは，教師の怒りを取り上げた。それにより生徒たちがどんなビリーフを持ち，教師を怒らせるのかが見えてくる。
　また有効なアプローチは自らの誤りを受け入れ，暫定仮説を修正できる。以下の例では，コンサルタントは教師の感情の強さを誤解していた。

教師：彼らには本当に腹が立ちます！
コンサルタント：生徒たちに憤っているのですね。
教師：いいえ。そこまではしません。でないと，私はおかしくなっていたでしょう。
コンサルタント：でも時々，彼らはあなたを怒らせるようなことをするのですね。
教師：はい。

　コンサルタントは説き伏せるのではなく，アセスメントの誤りを修正し，再び仮説を提示した。教師はその仮説に同意した。本当は教師が生徒に立腹していても（コンサルタントは校長，親などからすでに聞いているかもしれない），教師自身の見方を尊重して開始するのがよい。

第3章 コンサルテーションの理論

　コンサルテーションで焦点を当てるのは，生徒，教師，あるいは双方だろうか？　カウンセリングでは，人々の自己理解と行動の変化を支援する。コンサルテーションでは，コンサルティが自己，他者，自己－他者の関係性，行動を変化させる方法を理解できるよう支援する。
　コンサルテーションの実践理論として，以下のものがある。

・人間行動の理解
・コンサルタントによる理解を相手に伝える方法
・理解を実行に移すための知識

人間行動の理解

　「役に立っている行動は，捨てられない」という説から始めたい。
　次のようなアドラー心理学の行動理論を検討していく。

1. パーソナリティは統一性やパターン，つまりライフスタイルとして理解される。
2. 行動は目標志向であり，目的を持っている。
3. 人間は常に，重要な存在になろうと努力している。
4. あらゆる行動的には社会的な意味がある。
5. 私たちは常に選択できる存在である。
6. 所属は基本的欲求である。
7. 行動は法則定立的ではなく，個性記述的に理解される。
8. 何を持っているかより，どう使うかに注目する。
9. 社会的関心は精神的健康の指標である。

　行動を理解し，変化をもたらすために，コンサルタントとコンサルティのビリーフが重要となる。私たちの経験から，以下に検討する多くの概念をコンサルティは知らない。それゆえコンサルテーションには教育的な意義がある。

①パーソナリティは統一性やパターン，つまりライフスタイルとして理解される

　パーソナリティを要素に分けて分析するよりも，パターンを見るべきである。学校関係者は伝統的に，検査の得点，IQ，過去の成績，教師の評価などの断片

を寄せ集めて生徒を見ていた。それらを個別的に検討しても，あまり意味はない。有用なコンサルタントは，これらの断片を貫くパターンに注目する。このパターンがパーソナリティである。小学校低学年になると，すでにはっきりしたパーソナリティが形成されている。5～6歳までにパーソナリティは形成されると私たちは考える。それゆえ学校の全生徒が，一定した測定可能な特徴を持っている。それがライフスタイルである。またライフスタイルは，個人に特有のビリーフや選択のパターンとしても捉えられる。例えば「私は厄介者だ」「私は他者を助けられる」などは，ライフスタイルを構成するビリーフである。

カウンセリングを専攻しなかった読者も，何らかのパーソナリティ発達の理論・概念を学んできたであろう（カウンセリングにも多くのパーソナリティ概念があるが）。例えば看護師は生理学的視点から，ソーシャルワーカーは社会関係論の視点から，サイコロジストは心理学の視点から個人にアプローチする。つまり各領域の専門家は，各々のパズルのピースを理解している。

1人の人間は，身体的健康，社会的関係，心理的能力の総和を超えたものである。全体的存在には思考，感情，ビリーフが含まれ，それらはライフスタイルを維持するために連動している。私たちは個人のパターンやライフスタイルを理解し，それに基づいて支援する必要がある。

それゆえ生徒の行動のパターンや統一性は，誤解されやすい。同様にコンサルティの行動パターンも，広い視野で検討しないと誤解されやすい。このことは「群盲，象をなでる」という話に示されている。象の脚に触れた人は分厚いと思い，尾に触れた人は細くて長いと思い，牙に触れた人は鋭利だと思う。各々の断片は全く異なるが，集めて検討することで象の姿が浮かび上がる。

生徒をラベルづけしたり類型化しても，行動を断片的に分析できるだけである。生徒は，「成績不振者」「学者」などの典型に当てはめられる。とはいえ「学者」も下校してから困り事に巻き込まれていたり，「成績不振者」も特定のテストで高得点をとったりする。パズルのピースだけでは，誤った結論を招きやすい。生徒を含めて，人間の統一性やパターンはライフスタイルを通して表出される。

②行動は目標志向であり，目的を持っている

アドラー心理学は，行動の目標志向性を強調する。その行動をとる人が気づいていなくても，目標追求はなされる。目標志向性は，ポジティブな行動だけでなく，不適切な行動にも当てはまる。

コンサルタントにとっても、目標志向性は重要な概念となる。訳が分からないと思える行動も、目標志向性の視点からとらえ直せる。行動の目標は、コンサルタントの質問のアセスメントであり、回答でもある。その人の意図は何か（アセスメント）、何をすればよいかが（回答）、目標を通して見えてくる。

教師や親とのコンサルテーションでは、不適切な行動を取り上げることが多い。目的論的に不適切な行動を見ることは、コンサルタントとコンサルティ双方に役立つ。変化をもたらすために何をすればよいか、コンサルティは理解できるようになる。

ブルースはクラスの問題児だった。彼は宿題をせず、クラスではよく議論を吹っかけた。宿題をしない理由を教師が聞くと、「やりたくないからさ。絶対にするもんか」と答えた。教師は「いい加減にしなさい。宿題をしないのなら、親に連絡するぞ」と返した。教師が去った時、ブルースはずる賢そうな笑みを浮かべていた。

ブルースの不適切な行動の目標は、権力である。彼は教師に権力闘争を仕掛け、コントロールしているのは自分だと示そうとしている。（親に告げると脅すなど）教師がさらなる権力で対抗すると、彼は嬉しく思う。親が宿題に関心を持とうと持つまいと、彼は権力闘争を作り上げた。教師がこの強力な抵抗を破ろうとしても、効果はないだろう。

コンサルテーションにおける診断で、不適切な行動の目標は重要な役割を果たす。目標志向の行動という視点から、コンサルタントは第三者を理解できるようになる。コンサルタントとコンサルティが問題に向けて協働するための、準拠枠が得られる。

行動に関わる2つの概念を検討する。第1に人間は私的論理、すなわちライフスタイルの構成要素である暗黙のルールに沿って行動する。第2に創造的に選択する能力は、ライフスタイル形成においても働いている。

Rudolf Dreikurs は、「不適切な行動の4つの目標」を提示した。すなわち子どもの不適切な行動は、「注目」「権力」「復讐」「無力の誇示」という4つの目標のいずれかを達成しようとしている（Dinkmeyer & Dreikurs, 2000）。

Dreikurs らのアドレリアンは、多くの論文、書籍、ワークショップで不適切な行動の目標を論じてきた。その1つが、Dinkmeyer, McKay と Dreikurs（1998）の『親のためのハンドブック』（未邦訳）である。これは親子関係についての本であるが、教師－生徒関係、コンサルタント－コンサルティ関係にも適用できる。本書では教育方法に関する諸概念を詳述している。

表 3.1 子どもの不適切な行動の目標 (Dinkmeyer & McKay, 1998c)

目標	誤った目標	親の感情と反応	代替案	直された時の反応
注目	注目と奉仕を受けているときだけ、私には居場所がある	・感情：困惑 ・反応：注意と説教	可能であれば、不適切な行動を無視する。ポジティブな行動に注目する。注意、罰、報酬、説教、サービスなどで余計な注目を与えない。	一時的に不適切な行動を止める。別のやり方で注意を引く。
権力	コントロールしているとき、支配しているとき、誰からも支配されないときだけ、私には居場所がある	・感情：怒り、挑戦された、権威が侵された ・反応：闘争か屈服か	争わない。助けや協力を求め、建設的に権力を使う方法を考えてもらう。闘争も屈服も、子どもの権力欲求を強めるだけだと理解する。	能動的または受動的攻撃として、不適切な行動が強まる。または内心で反抗しつつ服従する。
復讐	自分が傷ついたように、他者を傷つけたときだけ、私には居場所がある。私は愛されていない	・感情：深く傷ついた ・反応：やり返したい	傷つくことを避ける。罰と報復を避ける。愛されていると実感できるよう、信頼関係を築く。	さらなる復讐のため、不適切な行動を激化させる。または別の復讐の手段に切り替える。
無力の誇示	どんなに私に期待しても無駄だと他者に思わせたときだけ、私には居場所がある。私は無力だ	・感情：「もうだめだ」という絶望と無力感 ・反応：子どもに同意し、諦める	非難しない。どんなポジティブな行動も勇気づける。長所や強みに注目する。同情・憐憫に陥らない。諦めない。	消極的な反応。何をしても反応しない。改善を示さない。

　人間は意思決定する社会的存在である。それゆえどう所属し、居場所を見出すかという各々の考えに基づいて行動は決定される。こうした所属がポジティブな行動を通してなされるなら、素晴らしいことである。（本人にとって）ネガティブな行動を通してなされることも、また良しである。不適切な行動は、勇気くじきの認知やビリーフによって生じる。

　不適切な行動は、3つの観点で捉えられる。すなわち行動の背景にあるビリーフ、行動そのもの、行動による利得（目標、結末）である。最も有効なのは、行動の目標や結末に注目することである。

　表3.1に不適切な行動の目標を示した。目標を明確化するには、次の2つのステップを用いる。

　・あなたは子どもの不適切な行動に、どう反応しますか？　子どもが不適切な

行動をすると，あなたはどう感じ，何をしますか？
・あなたの行動に対して，子どもはどう反応しますか？

　表3.1に，不適切な行動に対する感情と反応を示した。困惑より怒りのほうが感情は激しい。そのため「注目」から「権力」「復讐」と感情の強度は増していく。絶望より怒りの感情は激しいので，「無力の誇示」では，あまり強度はないように見える。だがポジティブな方法で所属する勇気をくじかれている程度は，最も強い。

③人間は常に，重要な存在になろうと努力している

　人間は成功を追求している。この運動は他者より（主観的・客観的に）劣っているという認識と，周囲の人々に優越したいという欲求の一部である。

　重要性の追求は，私たちの幼少期に根ざしている。人間は無力な状態で生まれ，生きるために他者の関心や世話に頼るしかない。自分が他者より劣っているという認識は，多くの点で正しい。私たちは成長するにつれて，集団に自分の居場所を見出し，周囲の人々と対等になろうとする。

　過去からの「押し出す力」を重視する理論と異なり，アドラー心理学は未来からの「引っ張る力」に注目する。行動はその結末がどうなるか，または生徒がどうやって関心を引くかという点で意味を持つ。行動そのものよりも，行動がどの方向を目指しているかを重視する。この運動を，「重要性の追求」という（Dinkmeyer & Sperry, 2000）。

　重要性を追求するプロセスを具体的に視覚化する方法は，コンサルテーションに有用である。例えば生徒がTシャツを着ている姿を，コンサルティに想像してもらう。Tシャツに書かれたメッセージが生徒のビリーフだとしたら，何と書かれているだろうか？「注目して」「もうやめたい」などは，メッセージの例である。このTシャツのメッセージから，ビリーフを裏返すこともできる。「注目して」を「よいところを見つけて」，「もうやめたい」を「たくさんの勇気づけが必要」と変換すれば，教師への代替案を提示できる。期待は，不適切な行動に強い影響を及ぼす。本人が向かっている目標を取り上げれば，行動そのものを扱うよりも深く有意義な関わりができる。コンサルタントが取り上げるのは，「どこに向かっているか」「どうするつもりか」「今，どう感じているか」である。重要性の追求は，動機づける力となる。

　誰もが自分なりのやり方で，重要性の感覚を追求している。重要性の追求は，

思春期の不適切な行動における7つの目標とも一致する（表3.2を参照）。生徒はクラスでの居場所を見つけようとする。そのためコンサルタントは，「その生徒は，クラスでどう注目を引いたり，重要な存在であろうとしますか？」と尋ねる。

④あらゆる行動的には社会的な意味がある

生徒は社会的コンテキストの中で行動する。行動は仲間や大人の「ために」なされる。注目を引こうとする生徒の目標が達成されると，他者は注目を余儀なくされる。他者との関わりなしに，行動は生じない。「うまく行っている行動はやめられない」という言葉が，この概念を補強する。

行動は，その結末や他者の反応に影響を受ける。行動の社会的意味は，教師－生徒および生徒間の相互作用に見出される。生徒たちは，互いに関係をつくって所属しようとする。仲間集団，クラブ，チーム，友人関係は，こうした基本的欲求の現れである。それと同時に，人間は独自の存在であろうと努力する。これは「マイナスからプラスの感覚に向かう努力」と呼ばれる。これは青年が「個性化」のプロセスを通過する際に，とても強い力を及ぼす。独自性の追求が，極端に走ることもある。この概念をタトゥーのように，心に彫り込んでおこう。

⑤私たちは常に選択できる存在である

生徒は創造的に環境と相互作用する。行動は外的刺激への反応に留まらない。人間には創造的に対応する能力がある。行動を理解するには，刺激－反応（S-R）の枠組みだけでなく，刺激－生体－反応（S-O-R）という視点が必要である。人間（生体）は，選択や意思決定を行使する。

教師や親は，最初はこの考えを理解しがたいかもしれない。子どもの目標を理解できないと，大人の対応でそれを強化してしまう。そして教師や親のイライラが高まる。不適切な行動は，弱まるどころか強まっていく。客観的視点で不適切な行動に対応することは，解決策となりうる。不適切な行動によって得ているものや重要性の感覚を踏まえて対応することも，解決策となる。

コンサルティの多くは，現状をどう解決するかが分からなくてコンサルテーションを求める。彼らは解決や改善につながらないパターンに陥り，行き詰っている。

本人は気づかなくても，常に選択肢はあるとアドレリアン・コンサルタントは考える。認知的代替案を通して，そこに至ることができる。

表3.2 思春期における不適切な行動の目標 (Dinkmeyer & McKay,1998b)

目標	誤った目標	例	親の感情と反応	親の対応への反応
注目	注目と奉仕を受けているときだけ、私には居場所がある	・能動的：笑いをとる、軽微ないたずら、奇抜な服装 ・受動的：忘れ物、家事をさぼる	困惑	一時的に行動を止めるが、後に再開する。別のことで注目を引こうとする。
権力	コントロールしているとき、誰からも支配されないときだけ、私には居場所がある	・能動的：攻撃的挑戦、不服従、敵対 ・受動的：頑固、抵抗	怒り、挑戦された。権力闘争で応酬するか、屈服する。	親が権力で対抗すれば、行動は激化する。または内心で反抗しつつ服従する。親が屈服すれば、行動を止める。
復讐	自分が傷ついたように、他者を傷つけたときだけ、私には居場所がある。私は愛されていない	・能動的：攻撃的言動、無礼、暴力、破壊 ・受動的：他者を睨みつける	深く傷つけられた	さらなる復讐のため、攻撃を激化させる。または別の攻撃に切り替える。
無力の誇示	私に期待しても無駄だと他者に心から思わせたときだけ、私には居場所がある。私は無力だ	・受動的：すぐ諦める、挑戦しない、暴君になる、学校をドロップアウトする、薬物に逃避する	絶望、無力感、勇気をくじかれた。子どもに同意し、諦める。薬物乱用の場合、外部に支援を求めることも。	消極的で勇気をくじかれた行動を継続する。
興奮（付加的目標）	興奮したり、良くないことをしているときだけ、私には居場所がある	ルーティンを嫌う。アルコール、薬物、性的放縦、危険なスポーツ、興奮できる活動やイベントに関心。	神経過敏、怒り、傷つき。「次は何が起こるのか？」と身構える。ポジティブな努力に伴う興奮を共有することも。	抵抗する。興奮できる行動を続ける。権力闘争に陥ることも。
仲間からの受容（付加的目標）	全ての仲間から受容されているときだけ、私には居場所がある	常に仲間からの受容を求める。	・承認（友人選択に問題がない場合） ・心配（友人選択に問題がある場合）新しい友人を探すよう働きかける。	抵抗する。友人との付き合いを続ける。権力闘争に陥ることも。
優越（付加的目標）	何においても一番であるときだけ、私には居場所がある	優秀な成績や表彰を目指して努力する。親や他者を見下す。他者と競うために才能を使う。	承認。不全感。賞賛。子どもが地位を保てるよう働きかける。	努力を継続する。他者を見下し、自己イメージを守ろうとする。

私たちが選択肢を見逃しやすいことを，例によって示す。ある人が途方に暮れていたとして，解決策がどのくらいあるだろうか？　多くの人は2つを挙げるが，コンサルタントは3つである。「途方に暮れたままにする」という第3の視点により，問題を未解決の状態に留めることもできる。

⑥所属は基本的欲求である

人間が最初に出会う集団は，家族である。次に出会うのが，保育園，幼稚園，小学校などの仲間集団である。こうした集団で居場所を見つけようとするプロセスで，子どもの社会化は進行する。クラスに居場所を見出そうとする努力は，不断に行われる。クラスの様相は毎年どころか，毎日のように変動する。成長した生徒は，独自のやり方で権利を行使するようになる。思春期には，仲間集団に居場所を見出すという課題と向き合うことになる。高校で人気者だったクォーターバックでも，大学・職場などでは所属感を得られる場を見出す必要がある。つまり人間は，集団への所属欲求をなくすことはない。

クラスへの所属は，不適切な行動の4つの目標で説明できる。クラスでの道化者，いじめっ子，その他の望ましくない立ち位置をどう説明できるか？　生徒は私的論理と主観的認知を用いて，クラスに自分の居場所を確保しようとする。よろしくない行動の基底にある暗黙のルールは，「関心を持たれないよりは，嫌われたほうがましだ！」である。

⑦行動は法則定立的ではなく，個性記述的に理解される

人間行動の理解では，法則定立性（全てに当てはまる法則）よりも，（各々の独自のライフスタイルに適用できる）個性記述的な原理が重んじられる。一般論的な説明は，個人に適用できるとは限らない。10歳児に関する一般的な知見は興味深いが，そのまま実践に活用はできない。

一般的な法則は，個人の行動を理解する上であまり役立たない。「恐るべき2歳とは……」「9歳とは……」などの一般的な知見よりも，当該の2歳児，9歳児を観察した知見のほうが遥かに有用である。個人が自分をどう見ているか，他者にどう見られているかにコンサルタントは注目する。

⑧所有よりも使用に注目する

多くの生徒が，「成績不振者」のラベルを貼られてきた。個人が持っている特性よりも，与えられた特性を使ってどうするかが重要である。能力と関心は一致

すると限らない。生徒は高い能力を持っていても，成績に反映されていないとする。それを指摘したとして，どうなるだろうか？

人間は主観的理由から，能力を生かさない選択をすることもある。

メリスカは音楽一家の第三子である。両親は 4 年生になった彼女を，合奏のクラスに入れた。彼女はすぐクラスの輪を乱す存在になった。教師は連絡ノートに「メリスカは協力を学ぶべきです。できればクラスを辞めてもらいます」と書いてきた。両親は訝しく思った。彼女は年上のきょうだいを手本にし，合奏にも関心を持っていた。だが合奏と同じ時間に，美術の授業があった。彼女はそちらに出たかったのである。

能力そのものよりも，能力を使って子どもが何をするかが重要である。コンサルタントは，能力よりも使い方に注目する。

⑨社会的関心は精神的健康の指標である

社会的関心の発達は，精神的健康にとって重要である。社会的関心は，他者と協働する能力と定義される。コンサルタントは，関わりの中でこうした能力の範を示す。教師や親は，社会的関心を発達させる子どもの力を信頼する。

こうした能力は，生徒に関するビリーフによって促進される。次の 4 つのビリーフは，教師－生徒関係以外にも適用できる。

・生徒は自己決定できる存在だと思う
・私は他者より優れても劣ってもいない，対等な存在である
・私は相互尊敬が大切だと思う
・私は人間であるゆえ，「不完全を受け入れる勇気」(Dinkmeyer et al., 2000) を持つ

しつけ

コンサルティの多くが，しつけに関する問題を持ってくる。しつけは，学校の中核的機能である。多くの実態調査や世論調査も，しつけは学校が直面する最大の問題としている。

しつけは教育プロセスだと，私たちは考える。コンサルタントはコンサルティに，しつけの理論と方法を教える。コンサルティは学んだ方法を第三者に適用する。実際にはスクールカウンセラーが教師に，生徒との関わり方を教えることが

多い。

　近年，さまざまなしつけ法が学校向けに提案されているが，それらは私たちが提示するアプローチほど有効ではない。私たちが提唱するしつけは自然な結末と論理的結末であり，罰による教育とは異なる。罰と対照的に，自然な結末と論理的結末の活用は教育的である。これらを正しく適用すれば，あらゆる選択が学習経験となる。罰と結末の違いを表 3.3 と表 3.4 に示す。

自然な結末と論理的結末

　コンサルティがしつけの問題を持ってきた場合，自然な結末と論理的結末を適用できる。ここでは両者の定義と事例を示す。

　自然な結末と論理的結末を活用すれば，子どもは学びと成長を遂げる。論理的結末とは社会的秩序という現実を提示することである。自然な結末とは，外部からの干渉を受けない，出来事の自然な経過である。

　自然な結末の例を示す。夜更かしをすると，翌日は疲れが残る。大雨で傘をささないと，ずぶ濡れになる。食事を抜くと，空腹になる。これらは世界の自然な成り行きであり，他者が疲れ，濡れ，空腹をもたらしたのではない。

　論理的結末の例を示す。食べ物を投げ捨てた生徒は，清掃する必要がある。休み時間にケンカをすれば，休み時間がなくなる（翌日に挽回するチャンスを与える）。期限内にレポートを提出しないと，点数がつかない。これらは行為としつけの論理的関係を示している。他者が生徒に，こうした行為をさせたわけではない。行為の結末の関係は，論理に基づく。

　論理的結末の例をさらに挙げる。子どもが壁に落書きをしたら，元通りにする必要がある。体育館履きを忘れたら，靴下のままスポーツをしないといけない。これは罰ではない。Dreikurs と Grey (1968) によると，論理的結末と罰は以下の点で異なる。

1. 論理的結末は，社会的秩序という現実を表現する。罰は，個人による権力の行使である。
2. 論理的結末は，不適切な行動と論理的に結びついている。罰は，そうではない。
3. 論理的結末は，道徳的に審判を下すことではない。罰は，道徳的審判を伴う。

第3章 コンサルテーションの理論

表3.3 罰の特徴（Dinkmeyer & McKay & Dinkmeyer, Jr., 2000）

特徴	基底にあるメッセージ	よくある結末
権威と権力を重視	私の言うことに従いなさい！ 命令を下すのは私だ！	反抗，復讐，自律性の欠如，隠れてする，無責任
恣意的で，行為と結びつけない	思い知りなさい！ 当然の報いだ！	怒り，復讐，恐怖，混乱，反抗
道徳的審判をする	ほら見なさい！ 悪いのはあなたよ！	傷つき，怒り，罪悪感，復讐
過去の行動を重視	あなたは前もやったわね！ いい加減に懲りなさい！	意思決定への自信を失う，教師にとって許容できない
脅しや軽蔑を伝える	しっかりしなさい！ そんなことをする人はクラスで君だけだよ！	やり返したい，恐怖，反抗，罪悪感
服従を求める	君が何をしたいかは関係ない！ どうせちゃんと決められないのだから！	内心で反抗しつつ服従する，仕返しの機会をうかがう，信頼関係と対等性を壊す

表3.4 論理的結末の特徴（Dinkmeyer, McKay & Dinkmeyer, Jr., 2000）

特徴	基底にあるメッセージ	よくある結末
現実的な社会秩序を重視	君が自分自身と他者の権利を尊重できると信じているよ	自律性，協力，自己と他者の尊重，頼りになる
不適切な行動と論理的に結びつける	君は責任感を持って選択できると信じているよ	経験から学ぶ
生徒に敬意を払い，道徳的審判をしない	あなたには価値がある！	行動が他者に受け入れられない可能性があることを学ぶ
現在と未来の行動を重視	あなたは自分を大事にして，納得の行く選択ができるよ	自己決定・自己評価を促進する
敬意と善意を声に出して伝える	君の行動は好きではないけど，君のことは好きだよ！	教師の支援と敬意による安心感
選択肢を提示する	君なら決められるよ	責任感を伴う決定，リソースが豊かになる

4．論理的結末は，これから起こることを取り上げる。罰は，過去を取り上げる。
5．論理的結末は，友好的な雰囲気のもと行使される。罰は，（たとえ表には出さなくても）怒りを伴う。

罰の場合，体育館履きを忘れた生徒は放課後に残って反省文を書かされるだろう。論理的結末は，行為と直結している。生徒は権威者の命令ではなく，人生の

現実によって動機づけられる。

　良好な教師−生徒関係は，結末に基づくしつけの大切な前提となる。こうした関係があれば，両者は結末を適用する前に理解し，受け入れることができる。権力闘争などで関係が悪化していれば，論理的結末は罰に変質しやすい。教師は忍耐強く，行動が減少するのを待つ必要がある。不適切な行動は，すぐにはなくならない。

教育としての包括的しつけ法

　包括的なアプローチによるしつけは，教育プロセスである。コンサルタントとコンサルティが協働することで，改善より「予防」を重視した教育を実践できる。

　生徒たちは協働・協力を促進する，さまざまなしつけ法を体験する。例えば，ある題材を学ぶ手順について，アイデアを募るだけでもしつけとなる。ほとんどのコンサルティは，こうした方法を「しつけ」と見なしていない。だが，これは有効なしつけの原理を下敷きにした，包括的アプローチの一部である。

　例えば，生徒に次のような決定に参加してもらう。

- 特定のトピックに割り当てる時間を決める
- トピックの学び方を決める
- 学びの順序を決める
- 評価方法を決める
- 委員会と班活動を決める
- 活動とプロジェクトを決める
- クラスの係を決める
- 席の配置を決める

　例えばある教師は，ワークブックのどの問題に取り組むかを生徒自身が選ぶようにしたところ，生徒との協力関係が深まったという。「143ページに載っている問題について，最初の10題をやりましょう」と指示するのではなく，「143ページに載っている問題について，あなたが選んだ10題をやりましょう」とした。

　予防的視点に立つ包括的しつけ法は，自然な結末・論理的結末や選択肢の提示に留まらない。不適切な行動が起こった時点で，教師にはいくつかの選択肢がある。まず教師とコンサルタントは，不適切な行動の目的・目標を見出そうとす

表 3.5　クラスで生じる問題への効果的なアプローチ（Dinkmeyer & McKay & Dinkmeyer, Jr., 2000）

アプローチ	目的	例
反映的傾聴	直面している問題について，生徒の気持ちを理解していることを伝える	「友達から嫌いだと言われて，とても悲しい気持ちなんだね」
私メッセージ	生徒の行動によって生じた，自分の感情を伝える	「（クラスに向けて）君たちが授業に興味を持ってくれなくて，私は落ち込んでいるんだ。頑張って準備をしたからね」
代替案の検討	生徒が問題を解決できるよう支援する。または教師の問題について，生徒に解決を手伝ってもらう	「どうしたら君の問題を解決できるだろうね？　どうしたら私たちの意見の違いを収められるかな？」
自然な結末・論理的結末	制限の範囲内で，生徒に自由に行動してもらう。決定したことの結末を体験してもらう	ケンカをした生徒は，傷を負うかもしれない（自然な結末）ケンカをした生徒は，話し合い部屋に行ってもらう（論理的結末）
不適切な行動の許可	特定の状況下で，不適切な行動を許容する	悪態をつく生徒に，部屋の隅に行って悪態をついてもらう
生徒の権力を認める	敗北や弱さを認め，生徒の支配，優越，復讐に向けた努力を無力化する	君の言いたいことは分かった。君に勉強を強制はできないよ
マイナスをプラスに転じる	不適切な行動や目標を建設的な方向に導く	ユーモアを用いて授業を妨害する生徒に，クラスで行うコメディ劇の責任者になってもらう

る。本章で先述した目標診断では，教師の反応が重要な手がかりとなる。目標診断に基づく関わりに加えて，次の4つの方法が用いられる。

1. **反映的傾聴**：第5章で説明する。「復讐」「無力の誇示」の目標を持つ生徒に適している。
2. **私メッセージ**：教師がこの方法を用いると，生徒と建設的にコミュニケーションをとれるようになる。
3. **代替案の検討**：この方法により，目下の問題が生徒の問題か，教師の問題か，両者が共有する問題なのかを判別できるようになる。
4. **自然な結末・論理的結末**：表3.5に有効なしつけ法を提示する。

まとめ

　コンサルタントは，自身の準拠枠に基づいて役割を遂行する。実践的な心理学の意義を理解することで，コンサルテーションの有効性は高まる。アドラー心理学はシンプルながら，状況が複雑であるか否かを問わず，コンサルティを理解し，支援する助けとなる。

　アドラー心理学は包括的な理論である。問題解決の方法を得るには，コンサルタントがその理論を十二分に理解する必要がある。そうしたアドラー心理学の知識として，不適切な行動の4つの目標，勇気づけによる動機づけ，個人への全体論的アプローチがある。本章では，しつけ法を含むアドラー心理学の理論を説明した。

振り返りの質問

1. 行動に関する，2つの無益なビリーフは何か？　それらはコンサルテーション関係をどう妨げるか？
2. 行動に関する，2つの有効なビリーフを挙げなさい。
3. コンサルテーション関係とカウンセリング関係の重要な違いは何か？
4. 行動に関する9つの概念のうち2つを挙げ，これまであなたが持っていた考え方と比較しなさい。
5. しつけの「システム」とは，どういう意味だろうか？
6. 自然な結末・論理的結末のほか，コンサルタントが活用できるしつけ法には何があるか？

第4章 個人コンサルテーション

はじめに

本章では次のことを学ぶ。

・援助関係の本質
・コンサルテーションの基本的手続き
・コンサルテーションの7段階
・コンサルテーションの3タイプ
・ライフスタイルの重要性
・建設的な関係を築く方法

個人コンサルテーションの基本的手続き

　コンサルタントは，コンサルテーションのタスクをよく理解する必要がある。分かりやすく言えば，コンサルタントAはコンサルティBが抱える，問題Cについて支援する。AとBは，Cの改善に向けて協働する。Cの多くは，生徒と親である。A，B，Cは1つの「システム」を構成する。ここでのシステムは，「学校の全構成員の間で生じる人間関係」と定義される。各々が相互作用し，スキル，成功，失敗，欲求不満などが示される。コンサルタントは主要な4つの構成員による役割と期待をアセスメントする。

・校長
・教師
・親
・システム内のコンサルタント（自分）

　教師は生徒に注目し，親は教師に注目することが多い。コンサルタントは，自分自身にはあまり焦点を当てない。
　コンサルタントは，コンサルティとの協働的関係の築き方を理解している。シ

ステム変化に向けた協力とコミットメントは，そうした関係の一部である。システムの内部で動きながら，コンサルタントはコンサルティの変化を生み出す。コンサルティと協力することで，それはシステムにも変化を起こす。

コンサルテーションはカウンセリングと似ているが，異なるものである。コンサルテーションも援助的な人間関係だが，自己に焦点を当てない。コンサルティは第三者である生徒の変化を求める。AとBはBではなく，Cに焦点を当てる。

カウンセリングか，コンサルテーションか？

カウンセラーと教師（親，管理職）との関係は，特定の前提を無視すると分かりにくくなる。次のシンプルな原則は，カウンセリングとコンサルテーションの違いを整理してくれる。

カウンセリングの条件は，以下のようである。

- 支援を求めている人に焦点を当てる
- 支援を求めている人を，その人との協働に基づき支援する関係である。第三者が話題になっても，あくまで援助希求者に焦点を当てる

コンサルテーションの条件は，以下のようである。

- 関係性の焦点になるのは，第三者（多くは生徒）である
- その関係性において，第三者を支援するための方略を立てる

コンサルテーションでは，カウンセラーがコンサルタント，（教師，親，管理職など）他の大人がコンサルティとなる。

コンサルテーションはコンサルティによって開始される協働的関係であり，行動，態度，意見の変化に関する，コンサルティのビリーフに焦点を当てる。協働的な問題解決が用いられると，コンサルテーションは効果を発揮する。アドバイスや優位－劣位の関係が入ると，効果は低減する。教師は「アドバイス」されるべき人ではなく，「相談」を受ける人である。第3章でも述べたが，表面的な回答やアドバイスによって，コンサルティの悩みは解決しない。教師はアイデア以上のものを求めている。コンサルタントは，コンサルティが新しいアイデアをビリーフと情動に統合できるよう支援する。

学校システムにおいて、教師と親はさまざまな側面で協働する。コンサルテーションとコラボレーションは同義語のように使われるが、いくつかの違いがある。アメリカ・スクールカウンセラー協会（ASCA）の全米モデル（2012）は、これらの用語を定義している。

コラボレーションとは、学校コミュニティにおいて教師、親、地域機関と直接的にチームやパートナーシップを組んで協働することである。その目的は、生徒の学業支援、平等に向けた権利擁護、全生徒へのアクセスなどである（ASCA, 2012）。

コンサルテーションでは、生徒を支援するために、教師、親、地域機関とともに方略を考える。スクールカウンセラーは、生徒の学業面での支援ニーズへの対応について、コンサルテーションを依頼されることもある。コンサルテーションは生徒とシステム、双方の権利擁護を促進する（ASCA, 2012; Baker, Robichaud, Westforth, Dietrich, Wells, & Schreck, 2009）。コラボレーションとコンサルテーションのどちらも、全生徒のニーズに応えるために必要である。

コンサルテーションの落とし穴

コンサルタントは「専門家」を演じるのではない。「危機」への対応に携わるコンサルタントには、刺激を追求したり、依存的関係を形成しやすいライフスタイルを持つ人もいる。コンサルタントは自らのビリーフや対人関係スタイルを自覚する必要がある。

支援を求められるのは、心地よいかもしれない。コンサルティに回答を与えたり、問題を解決してあげることで、満ち足りた気持ちになるかもしれない。これはコンサルタントが避けるべき落とし穴である。そうならないために、誰がコンサルテーションを開始するのか、誰を支援するのか、有効なコンサルテーション方略などの基本的事項を理解すべきである。

誰がコンサルテーションを開始するのか？

コンサルテーションを開始するのは、（1）コンサルタント、（2）コンサルティ、（3）それ以外のシステム構成員、のいずれかである。（2）コンサルティが開始するコンサルテーションが、最も望ましい形態である。動機づけや変化への意欲は高い。コンサルテーションの活用について周知しておくと、自発的な依頼

が増えるだろう。

　他者の紹介によるコンサルテーション（1と3）は，開始に困難を伴うことが多い。コンサルテーションで何をするのか，コンサルティはまだ理解していない。その場合，一般的なコンサルテーションの始め方を知っているとよい。

　原則として，最終的な解答を与えたり責任を負う人ではなく，傾聴者として状況に関わるよう勧めたい。コンサルタントが傾聴し，民主的に共感してくれる方が，コンサルティは関係に入っていきやすい。次に「あなたがステファニーについて抱える問題について話し合うよう，校長から言われました。いつお会いできますか？」と「今年度の状況はいかがですか？」という開始の言葉を比べてみよう。後者はやや曖昧だが，経験を共有するように誘っている。これは開かれた質問に当たる。「いつ会えますか？」のような閉じた質問は，相手を防衛的にさせやすい。

　この始め方は，親などの相手と事前に関係ができていない場合，特に有効である。電話による開始は脅威的・事務的になるため，望ましい結果が得られにくい。手紙，電子メール，設定された面談のほうがよい。手紙か面談かに関わらず，声のトーンは成功を左右する要素となる。

誰が支援されるのか？

　多くのコンサルテーションの教科書では，コンサルティと第三者を区別する。それらによると，第三者とは実際に支援を受ける人である。私たちはこのアプローチをとらない。しかし，このアプローチが意味するものを，理解することが大切である。

　私たちはコンサルティを，第三者への提案を伝達する，頑固で柔軟性に乏しい存在と見なさない。有効なコンサルテーションのためには，コンサルティは第三者との関係において，自分が担う役割を理解する必要がある。コンサルティに変化への意欲が乏しければ，第三者が変化する可能性も大きく低減する。だが多くの教師や親は，第三者の変化のみをコンサルテーションに求める。コンサルティの態度は，本章の最初に述べた理論的枠組みで理解される。AとBはCの変化のために協働するが，それはBのビリーフと行動の変化から始まる。

7段階のコンサルテーション・プロセス

　アドラー心理学（第3章を参照）を用いて，数十年にわたり教師や親にコンサルテーションを行ってきた経験から，典型的な個人コンサルテーションは次の7段階をとる。

ステップ1：安心できる関係をつくる
・相互尊敬。ラポールと対等性の確立
・プライバシーを守る
・オープンで，誠実で直接的なコミュニケーションをとる
・医学的診断を下すのではなく，教育プロセスである
・誰かのせいにしない。全員が解決に参加しうる
・「これがあなた（教師・親）にとって，どう問題になるのか？」を理解する

ステップ2：問題を具体的に描写する
・「彼（彼女）があなたにとって問題だったときの，具体例を挙げてもらえますか？　ここ数日について教えてください」とコンサルティに尋ねる
　(a) 生徒は何を言ったり，しましたか？
　(b) それに対して，あなたはどんな気持ちになりましたか？
　(c) 生徒は次にどうしましたか？
・「あなたが彼らに言ったことを，そのまま言ってください」とコンサルティに尋ねる。覚えていなければ，別の言葉で言い換えてもらう

ステップ3：2つめの事例を挙げてもらう

ステップ4：不適切な行動の目標と，教師（親）の問題を生み出しているビリーフを明確化する

ステップ5：目標達成の方法を概観する
・注目：良いところを見つける。注目を得られる瞬間をつくる
・権力：選択肢を与える。選択できる環境をつくる。闘ったり屈服しない
・復讐：公平に機会を与える。傷つけられないようにする

- 無力の誇示：ひどく勇気をくじかれていても，諦めない。その代わり「君の良いところは……かな？」と尋ねる
- コンサルティが不適切な行動の目標について，うまく対応できた経験を明確化する
- コンサルティがまた試みていないことで，何ができるかを検討する

ステップ6：暫定的な提案をする
- 1回に1つの問題を扱う
- 1週間で無理なく達成できるステップに分ける
- 具体的な提案にする
- 物事が改善を示す前に，悪化する可能性も織り込んでおく
- 変化は1週間先までを見越し，あとは再調整する
- 指示的提案を避けて，次のように言う
    (a) ……については考えましたか？
    (b) もしあなたが……すれば，どうなるでしょうか？
    (c) ……について考えてみたいですか？

ステップ7：終了する
- 特定の解決法へのコミットメントを得る。測定可能な行動として，具体的に何をするかを振り返る
- フォローアップ面接を設定し，コンサルテーションの効果を評価する

　出版社のウェブサイトから，4つの個人コンサルテーション面接を視聴できる。セッション1はパットという教師の事例であり，クラスにいる4歳児の行動についてコンサルテーションを求めてきた。コンサルタントは7段階のプロセスを用いてパットの見方を理解し，状況の改善に向けて具体的方法を考案した。

コンサルテーションの3タイプ

　コンサルテーションは3つのタイプに分けられる。コンサルテーション初期段階の特徴により，各々のタイプが決まる。変化はいつでも起こり得るが，成長促進的コンサルテーションには，変化をもたらすための中核条件がある。

成長促進的コンサルテーション

　成長促進的コンサルテーションは，最も適用しやすいコンサルテーションである。危機状況は起きていない。コンサルティの学習経験が，第三者に伝わることを目指す。成長促進的方略として，教師・親教育グループ，学級ガイダンス，その他の人間的・職業的成長の機会がある。こうした方法について，第5章と第6章でも論じる。

修復的コンサルテーション

　修復的コンサルテーションでは，予防措置が取られないと，何らかの危機または切迫した状況に陥ることが明らかである。状況を改善し，危機を回避するために介入方略が検討される。

危機介入的コンサルテーション

　危機介入的コンサルテーションでは，緊急事態が発生し，コンサルタントは解決を求められる。このアプローチは対症療法的になりやすい。ストレス・レベルは高い。コンサルティの意欲はきわめて高い場合も，抵抗が強い場合もある。

ライフスタイルの重要性

　どのタイプのコンサルテーションでも，当事者のライフスタイルを理解することは大切である。
　第3章では，生徒の不適切な行動の短期的目標を理解する意義を論じた。それと同じくらい，行動の長期的目標を理解することも大切である。この長期的な運動や行動は，ライフスタイルと呼ばれる。つまり他者との関わり方についての，学習・選択されたビリーフである。DinkmeyerとSperry（2000）の定義によると，ライフスタイルはパーソナリティや役割性格と類似した，人生への基本的態度である。
　コンサルタントは，コンサルテーションにおけるライフスタイル概念の価値を理解すべきである。コンサルテーション関係における3つの当事者（コンサルタント，生徒，教師・コンサルティ）に影響を与えるからである。
　ライフスタイルは特定の経験からではなく，個人がライフタスクに対処するために，繰り返し用いてきた方法から生まれる。個人はライフプランを促進してくれる方略を採用する。経験が予測を裏づけると，ライフスタイルや選択も裏づけ

られる。ライフスタイルは6歳までに形成されるので、コンサルタントは自然にコンサルティのライフスタイルを扱うことになる。

　不適切な行動で大切なのは、その行動は「本人」にとって意味があるということである。個人が経験を解釈することで、経験は個人にとって意味を持つ。この考え方は、コンサルテーションの実践に深い影響を与える。2つの当事者が、第三者の行動を話し合う。3つの異なる認知が、同時に働いている。第三者の行動は、その人にとってどんな意味を持つだろうか？

　コンサルタントのミス・ジョーンズは、コンサルティのホール先生と、クラスで暴力をふるうという生徒イザベラの件で面接した。これまで校則に違反する言動が繰り返されてきたが、ホール先生は何もしなかった。ミス・ジョーンズがそれを問うと、「彼女の父親は2カ月前に家を出て、母親は仕事と家事に追われています。イザベラは弟と妹の世話もする必要があったのです」とのことであった。

　ホール先生はイザベラのクラスでの行動を、環境が引き起こしたものとして説明している。このビリーフをコンサルテーションの基盤に置けば、まず家族に変化を起こすことで、ホール先生とイザベラのクラスでの行動を変化させる必要がある。とはいえ第3章で論じたように、内的準拠枠を通して行動を理解するほうが建設的だろう。

生徒のライフスタイル

　誰にもライフスタイルがあり、ライフスタイルの理解はコンサルテーションに役立つ。コンサルティはよくエピソードや行動を挙げて、生徒について説明してくれる。これらから統一性やパターンを見出せば、ライフスタイルが浮かび上がる。1つか2つの困った出来事を検討するだけでは不十分である。生徒の運動についてコメントするには、ライフスタイルを明確化する必要がある。例えば「ディーンはよく勇気をくじかれるから、頑張ろうとしないのです」には、「私は無力であり、人生は困難の連続だ。だから私は挑戦しない」というライフスタイルが反映されている。

　生徒のライフスタイルを知ることは大切だが、必須ではない。不適切な行動の短期的目標を理解することも有用である。いくつかのエピソードだけでライフスタイルを理解できないが、目的を伴う行動のパターンは明確になる。差し迫った状況では、ライフスタイルの理解は役立つ（このアプローチについては後述する）。

コンサルティのライフスタイル

　コンサルテーションの理論的基盤を持たないコンサルタントもいる。アドラー心理学のライフスタイル・アプローチを知らないコンサルタントはさらに多い。とはいえ学派を問わず，全てのコンサルタントにとってライフスタイルの理解は必要である。

　親は，次のようなライフスタイルの断片をよく語る。そこから彼らのビリーフが見えてくる。

- 私はコントロールを保つべきだ（私がしっかり捕まえていれば，彼はクラスで問題を起こさないだろう。それでうまく行ってきた）
- 私は勝つべきだ（彼と闘うのに疲れた。彼を打ち負かせそうなアイデアなら，何でもいいわ）
- 私は優位にある（誰に言われて連絡してきたの？　私の子育てに口出しする権利があるの？）
- 私は正しい（私の息子への関わり方は，家ではうまく行っている。だから学校で何が起きようと，私のやり方に問題はない）
- 私は特別だ（夫は軍隊にいて家を離れているので，私だけで3人の子どもを育てています。沈まないようにするだけで手一杯です）
- 私は心地よくあるべきだ（あなたが学校で息子をどうしようと気にしません。私は大丈夫です）

　教師のライフスタイルは，コンサルテーションに何を求めるかというコンテキストで理解される。Dinkmeyer, McKayとDinkmeyer（2000）は，生徒との関わりを阻害する，5つのビリーフを明確化した。

- 私はコントロールを保つべきだ（私は教師なので，常にクラスへの責任を負っている）
- 私は優位にある（私は20年も教師をしているのだから，生徒への有効な関わり方を分かっている）
- 私は特別だ。あなたは私に恩義がある（本校はかつて地区で首位だった。今や生徒たちのせいで，3年にわたり教育改善目標に達していない。こんな出来の悪い生徒を教えるために，教師になったのではない）
- 私は完璧であるべきだ（私はまだ終身在職権を得ておらず，今年は重要な人

事評価がある。人事評価で失敗をしないために，生徒との関わり方を学びたい）
- 私には価値がない。他者のほうが大切だ（生徒のニーズが最優先だ。だから何より彼らを幸せにしてやりたい）

これらのビリーフは教師の行動として表出され，生徒の反応を引き起こす。コントロールのビリーフを持つ教師は，生徒を「コントロールできない」という状況をコンサルタントに訴える。教師のライフスタイルがどう表出されるかを，次の例は示している。

リー先生は，スクールカウンセラーにコンサルテーションを申し込んだ。彼は最初に，次の点を確認してきた。コンサルテーションは人事評価に響かないか？ 校長に報告するのか？ 途中で止めてもよいのか？ 回答に納得すると，彼は8年生クラスにおけるコントロールと相互尊敬の欠如という問題を報告した。生徒たちは問題を引き起こし，リー先生は状況をどうコントロールしてよいか分からなかった。

優位，特別，完璧，劣位のビリーフについても，同様の事例を提示できる。人生で目指す方向が，これらに分かりやすく凝縮されている。ある方向を目指していると，特定の物事に出会う。そこに選択した方向性やビリーフが現れる。砂漠を目指せば脱水症状が，熱帯雨林を目指せば白カビが待ち受ける。ライフスタイルへの挑戦は，あらゆるコンサルテーション関係で生じる。どんなライフスタイルにも問題と強みがあることに留意したい。

コンサルタントのライフスタイル

コンサルタントのライフスタイルは，コンサルテーション関係の重要な要素である。あなたは何をコンサルテーション関係に持ち込むだろうか？

援助関係におけるビリーフ：コンサルタントが抱きやすいビリーフがいくつかある。ここでは3つのビリーフを取り上げ，ライフスタイルとのつながりを検討する。どのライフスタイルにも，長所と短所がある。

コントロール：コントロールに関心を持つコンサルタントは，問題解決や集団をまとめる力があり，データ収集が得意である。とはいえコンサルテーション関

係の性質ゆえ，コントロール志向は問題も生じる。コンサルテーションでは3つの当事者が存在するが，面接に訪れるのはコンサルティ（B）であり，その場にいない第三者（C）はコントロールできない。そもそも，コンサルタント（A）とコンサルティ（B）の関係性をコントロールすることさえ容易ではない。

　論理性もコントロール志向の長所である。エピソードから不適切な行動を明確化する能力があるので，コンサルティは自分の感情と反応，生徒の反応を理解しやすくなる。とはいえ論理性を重視すると，感情への配慮が欠如しやすい。コントロールが強い人は，話の内容を理解するのに秀でるが，感情の正確な把握は苦手である。

　コントロールのライフスタイルを持つ人が葛藤を起こしやすいのは，権力の領域である。コントロールが最優先の人にとって，コントロールや権力が十分に行使できない状況は辛いものになる。コンサルテーションにおいて，コンサルティは「コントロールできない」事態を多く経験する。そうした場合は，コンサルティにコントロールや権力を付与することが関係づくりの一歩となる。

　メルドック先生は，同じ学校で22年も教えてきた。以前の教え子の子どもも，彼女の生徒になっていた。「今どきの子どもは，なぜこうも無礼なのでしょう。私が教師になった頃は，教師というだけで尊敬されたものです。最近は，彼らが私を怒らせられるかというゲームをしているようです！」と彼女は語った。

```
コントロールのまとめ：長所は論理性，問題解決力，集団をまとめる力
課題：感情の理解，権力闘争
```

　完璧主義：このビリーフの長所は，高い目標に向けた努力である。例えば幅広い読書，隅々まで行き渡った広報活動，新たなリソースを見つけようとする努力として表出される。完璧主義者は，「タイプA」性格，あるいは「几帳面」「凝り性」などと評される。こうした表現の根底には，正確さをどこまでも追求するライフスタイルがある。コンサルテーション関係では，物事を悪化させる要因になりやすい。

　「誤りは許されない。だから何としても避けるべきだ」というビリーフがあると，相手を見る目が曇ってしまう。完璧主義により，提案をしたりコンサルティの進歩を受け入れることが難しくなる。

セルビー先生は，これまでコンサルタントと3回のコンサルテーションを重ねてきた。進歩が見られ，クラスには大きな変化が現れていた。4回目の面接で，彼女は落胆した様子で「物事がうまく行っていません。今日はひどかったです。振り出しに戻ってしまったようです」と語った。コンサルタントは傾聴するとともに，「揺り戻し」は人間にとって当たり前であり，失敗ではないと彼女が理解できるように支援した。高い目標を持つセルビー先生は，最近の状況をコンサルテーション全体に当てはめて解釈していた。

> 完璧主義のまとめ：長所は高い目標，達成志向
> 課題：何があろうと失敗を避ける

　喜ばせ：対人援助者には，誰かを喜ばせるために生きる人が多い。彼らは他者のニーズを察知し，合わせられる。これには長所と短所がある。短所は「ノー」と言えないことである。次の例はそれを示している。

　パーカー夫人は隣の学区でもコンサルタントを務めるよう求められた。その地区のカウンセラーは，諸事情でコンサルタントができなかった。彼女は承諾し，週1日の午後をその仕事に充てた。やがて，こなすべき膨大な仕事があると分かってきた。彼女は週2日の午後を確保するとともに，コンサルティに連絡先を渡し，いつでも対応できるようにした。コンサルティの生徒にも，個別で面接することを申し出た。間もなく本務校の仕事に支障が出るようになったが，彼女は自分がした約束に「ノー」と言えなかった。

　最後の一文から，パーカー夫人が状況をどう見ているかが分かる。これは「約束」であり，撤退すれば人々を落胆させてしまう。それが真実かはともかく，コンサルタントにはそう見えたのである。

> 喜ばせのまとめ：共感的なチームプレイヤー，他者の気持ちに敏感
> 課題：「ノー」と言えない，限界設定が苦手

　ライフスタイル概念はコンサルテーションにおいて，さまざまな意義を有する。さらなる考察は，DinkmeyerとSperry（2000）を参照されたい。

リソースとしての教師

　コンサルタントと教師にすでに関係性が存在すると，その認知にコンサルテーションは影響を受ける。例えば規律委員，研修責任者，親や生徒のリファー先であるスクールカウンセラーが，コンサルタントを務めることがある。こうした役割により，教師に事前のイメージが作られる。

　コンサルタントに問題を解決してもらおうと，受動的になる教師もいる。コンサルテーションにおける教師は添え物ではなく，重要なリソースである。こうした認識により，変化の可能性が生じる。

　教師はコンサルテーションに資源(リソース)を持ち込んでくる。生徒との相互作用に関する詳しい情報は資源となる。教師とは教室で起こる生徒との相互作用について，その要因の認知とともにコンサルタントに報告してくれる。教師が問題をどう見ているかにコンサルタントは留意する。また教師だけが，提案の有効性をコンサルタントにフィードバックしてくれる。

　教師は，コンサルテーションにおける重要なリソースである。質問に回答することが有効なコンサルテーションだとコンサルタントが考えていると，このリソースは失われる。コンサルテーションは「治して」もらうための紹介だと，教師が考えている場合も同じである。次に，有効なコンサルテーション関係の中核要素を検討する。

援助関係

　援助関係の本質を考えてみたい。援助職に関する最も大規模な研究は，Arthur Combs（1969）とフロリダ大学の同僚によるものだろう。彼らのリサーチによると，援助者の基本的手法は**「自己」**であった。

　援助者には，問題解決者としての力量が問われる。対話では遅れずに，即時に反応する力が必要である。臨機応変かつ有意義に対話を進めるコミュニケーションと人間関係スキルは，コンサルテーションの核となる。コンサルタントは認知から感情にわたるメッセージの全体を傾聴し，コンサルティの潜在力を引き出す。

　教師は自身の視点から問題を語る。それらは価値観，ビリーフ，目的，認知から生まれる。教師はこうしたビリーフ・システムに気づけるが，すぐには難しい場合が多い。

　教師は，自己の認知に基づいて動く。もし中学生のベリンダが「意地悪」の許

容範囲を超えた行動をすれば，まるで意地悪な子であるかのように扱われる。コンサルタントは教師が異なる視点を持ち，新しい相互作用と対応を獲得するための資源に気づけるよう支援する。コンサルタントはコンサルティのビリーフや態度を指摘することで，認知の変化を促進する。こうした促進的な直面化は気づきや洞察を生み出し，ビリーフや認知を変化させる。コンサルテーションに全体論的アプローチを用いれば，ベリンダはもはや意地悪な生徒でなくなる。

コンサルタントは新しい仮説と認知の理解・受容を促進する。それによりコンサルティは新しい情報を得られるようになる。コンサルタントは暫定仮説と代替案の生成を支援する。

行動は常に，自己と世界への認知がもたらす結果として理解される。カウンセリング，心理学，ソーシャルワークにおける対人援助の歴史を振り返ると，情報提供によって重要な大人の行動を変化させようとしてきた。昔から研修プログラムが行われ，人間行動に関する新しい理論，観察やリサーチの知見を提示してきた。多くの教師にとって，こうしたアプローチは頭の片隅にしか残らない。彼らは新しいアイデアを聞いて，「面白い」「信頼できる」「実行できる」と思う。だが，変化を起こそうとはしない。なぜか？　知識だけでは，行動は変化しないのである。知識は個人的な意味として経験される。感情，態度，認知面で受容できるように提示された知識は，教師にとって意味深いものとなろう。

教師は新しい方法を知る機会がなく，変化を求められてもいない。この方法は，教師の現在の認知，ビリーフ，態度という観点で検討すべきである。何がこの方法の活用を妨げているのかを教師と吟味すれば，教師と生徒の関係に影響が生じる。

コンサルテーションにおける問題は，複雑に絡み合っている。私たちのビリーフ（ライフスタイル）には，全ての認知を統合し，方向づける機能がある。確立されたビリーフは，行動を変化させにくくする。コンサルテーションでは，教師，生徒，コンサルタントの内的準拠枠に注目する。生徒の認知的場を理解することは，プロセスの一部となる。「教師が生徒の認知を理解すれば，物事は変化する」という誇張された言葉があるが，こうした理解だけで変化は生じない。

援助者の訓練において，私たちは「事」よりも「人」を重視するようになった。コンサルタントは診断の技術的側面よりも，教師との関係に関心を寄せる。コンサルタントは教師の役割を重視し，教師こそ臨機応変に状況を改善できると伝える。

こうした関係性は，専門家優位の態度と対照的である。コンサルタントは間接

的・非言語的に,「教師は生徒を理解していない」「教師を尊敬できない」というメッセージを発しやすい。有能な援助者は,能力ある存在として,最初からポジティブに相手を観る。コンサルタントとコンサルティは,変化を起こすために対等な立場で協働する。

　Combsの研究では,援助者の自己認知に関する2つの特徴が示された。すなわち有能な援助者は,「他者に同一視し,関与しようとする」「ポジティブに自己を捉えている」という特徴を持つ。これらが重要である理由を,Combsら(1969)は次のように述べる。

　「ポジティブな自己認知を持つと,ある種の内的な安心感が得られる。それにより確信,威厳,率直さを伴って行動できるようになる。こうした堅固な基盤があると,人はより大胆かつ創造的に,自分のアプローチで世界と関われる。また自分にも他者にも,同じように奉仕しようとする」(p.74)

　自信,自発性,創造性を持って問題解決にあたるコンサルタントは,教師にもそうした価値観を伝えている。コンサルタントは役に立っても,完璧である必要はない。コンサルタントは「教師が出した問題を解決してくれる人」として祭り上げられるのを拒絶する。Combsら(1969)は次のように述べる。

　「対人援助における方法とは,【正しい】方法をとるという問題ではない。むしろ援助者が,相手に合った方法を見出すことが重要である。つまり【どんな】方法かではなく,方法が援助者,目的,対象者,状況などに【適合】しているかが問題である。援助者の質を決めるのは,本人が用いる方法ではなく,その方法への信頼である」(p.75)

　この研究から,コンサルタントが目指す人物像や援助関係の本質について多くの示唆が得られる。コンサルタントは,コンサルティが自分の内的準拠枠や独自性に向き合えるようにする。コンサルタントは教師・生徒の独自性と,そこから生まれる関係性を考慮する。それにより,これら全ての成長を促進する。Combsは対人援助の先駆者であった。彼の仕事は,コンサルテーションとアドラー心理学を融合するための基盤となる。

　有能でない援助者は,不適切な方法を特定の状況に適用する。それを教師は自己一致せず,混乱したものと受け取る。教師は生徒への傾聴,理解,受容の大切

さを説くよりも，コンサルテーションでその失敗を見せた方が納得してくれる。

　Combsの研究をまとめると，有能な援助者は以下の認知構造を有している。

　A．有能な教師は，次の点を重視する
　・外的準拠枠よりも内的準拠枠を重視する
　・物事よりも人々に関心を持つ
　・事実や出来事よりも，主観的な意味づけに関心を持つ
　・行動の原因よりも，現在に焦点を当てる

　B．有能な教師は，他者やその行動を次のように認知する
　・できないよりも，できる
　・非友好的よりも，友好的
　・価値がないよりも，価値がある
　・外発的動機づけよりも，内発的動機づけ
　・頼りないよりも，頼りになる
　・妨害的ではなく，援助的

　C．有能な教師は，次のように自己を認知する
　・独りぼっちよりも，人々と共にいる
　・できないよりも，できる
　・頼りないよりも，頼りになる
　・価値がないよりも，価値がある
　・必要とされていないよりも，必要とされている

　D．有能な教師は，次のようにタスクを認知する
　・統制するよりも，自由にしてくれる
　・小さいよりも，大きい
　・隠すよりも，明らかにする
　・非関与よりも，関与する
　・目標達成よりも，勇気づけ

　Combsは，学校システムにおける認知に着目した先駆者であった。彼は晩年の著作で，変化のために何が必要かを述べている。「強力なコミュニケーション

とフィードバックのためには，関係者全員の協働が必要である。だが学校文化は，孤立と個人主義を助長している。変化している学校もあるが，伝統的な文化はなかなか息絶えない」（Combs et al., 1969）。

有効なコンサルテーションに向けた構造づくり

コンサルタントは，コンサルテーションの利用をどう周知するだろうか？

1. 職員会議，ニューズレター，Eメール，個別面談は，コンサルタントが提供するサービスを全スタッフに知ってもらう機会となる。
2. 教師が利用，アクセスしやすいこと。支援を求められたら，スケジュールを柔軟に調整できること。
3. 管理職と話し合い，コンサルテーションをサポートしてもらう。

コンサルテーションで最も重要なのは，人と状況である。コンサルタントはコンサルテーションを周知し，アクセスしやすくする。管理職との話し合いで，システムは堅固になる。管理職がコンサルテーションにどんな態度をとるかが重要である。管理職の支援が得られないと，コンサルテーションは行きづまる。

コンサルテーションは，人間関係に「足りないもの」を話し合う場である。教師が管理職を通してコンサルテーションを申し込む手続きには，注意が必要である。監督・管理の権限を持たない人物と話すゆえにコンサルテーションは有効だと，理解している管理職もいる。

まとめると，コンサルタントには次の点が必要である。

1. 管理職からの支援。
2. 管理職の監督を受けずに，教師がコンサルテーションを求められること。
3. 管理職はコンサルタントになれない。始業前，休み時間，放課後など，教師が集まる場にコンサルタントが出向けば，コンサルテーションを利用しやすくなる。これらは悩みや問題を話し合う場として適さないので，利用時間を定めたり，柔軟に調整する。

私たちはシステムズ・アプローチを重視するが，個人コンサルテーションは確かに有用である。本章では個人に焦点を当て，後の章でグループ・アプローチに

ついて述べる。

　個人コンサルテーションに適した条件についてはすでに説明した。FuquaとNewman（1985）は，以下の5つの条件を挙げている。私たちのコメントを付け加えた。

1. **個人的性質の問題である**。教師が特定の生徒の問題を相談する場合に当てはまる。
2. **システムへの介入が行えない**。コンサルテーションの利用者が少なかったり，変化が見込めない組織の場合。
3. **個人の問題だと認識されている**。項目1とほぼ同じ。
4. **変化を受け入れない職場環境**。項目2とほぼ同じ。
5. **システム全体よりも，個人を変化させるほうが効率的である場合**。

いかなる条件でも，個人コンサルテーションは有効と言える。

生徒への診断的面接

　コンサルテーションの二次的要素として，生徒との簡易面接がある。短時間の面接であり，生徒がどう世界を見ているかを知ることが目的である。それにより，コンサルタントが暫定仮説を立てる助けになる。ふつうは続けて教師とのコンサルテーションを行う。

　この面接では情報を収集し，印象をチェックする。治療的な意図はない。コンサルタントは，生徒とその成長に関心を持っていることを伝える。生徒は自分自身，教師や仲間との関係，学校での課題について話す。

　面接は生徒の認知を理解できるように構成される。熟練したコンサルタントは，ライフスタイルへの洞察を深められる。それゆえ私たちが推奨するトピックや質問はあっても，回答や反応からどう理解を深めるかは面接者に委ねられる。

　特に有用と思われる質問を以下に示す。

1. あなたと行動が似ているきょうだいはいますか？　どんなところが？
2. あなたと行動が似ていないきょうだいはいますか？　どんなところが？
（この質問から，生徒が自分の行動をどう見ているかを理解できる。生徒の知覚世界を理解する助けにもなる。似ている，似ていないきょうだいの話題

により，生徒は自分について多くを語ってくれる）
3．学校のどこが好きですか？　なぜ？
4．学校のどこが嫌いですか？　なぜ？
5．好きな教科，嫌いな教科はありますか？（この質問により，生徒が学校と学校での課題をどう認知しているかを理解できる）
6．お母さん，お父さんと一緒に，何をするのが好きですか？　なぜ？　あなたが悪いことをしたら，どちらから叱られますか？　どんなふうに？
7．お母さんやお父さんと一緒にやりたくないことは何ですか？　なぜ？
8．家ではどんなお手伝いをしますか？　言われなくてもやりますか？（この質問は，家族の雰囲気や関係性を理解しようとする）
9．好きにしていいなら，あなたはどんな時間を過ごしますか？

生徒との関係が良好で，面接に乗り気なら，次の質問でさらに理解を深められる。

1．もしお芝居に出るなら，どんな役をやりたいですか？　なぜ？
2．動物の役をするとしたら，どんな動物がいいですか？　なぜ？
3．やりたくない動物は何ですか？　なぜ？
4．お願いを3つ言うとしたら，それは何ですか？

　これらの質問から，生徒のファンタジーや願望が理解できる。誰が出てきたかよりも，選ばれた「理由」が手がかりとして重要である。例えば，生徒が警察官を演じたいというだけでは，価値構造は分からない。他者を助けたいのではなく，周囲の人々に威張りたいから警察官を選んだとしたら，価値構造を理解する手がかりとなる。
　動物の選択も，理由を確認する必要がある。ワニを選んだだけでは，理由を推測できない。「どう猛で仕返しをするから」という子もいれば，「いつも寝そべっているから」という子もいる。独りよがりな解釈をしないために，コンサルタントはその動物を選んだ理由を生徒に尋ねる。選択された「お願い」も，生徒が人間や物事の何を重んじているかを教えてくれる。
　コンサルタントが早期回想を解釈する訓練を受けていれば，生徒が世界をどう見ているかを理解する助けとなる。幼少期に経験した出来事を1つ，生徒に想起してもらう。早期回想は，人生に関する思い込みを理解する手がかりとなる。

11歳の生徒の印象的な早期回想を提示する。彼のIQは標準的であったが，クラスで教師の期待に全く応えられなかったためリファーされた。「あなたが経験した昔の出来事と，どう感じたかを教えてください」とコンサルタントは尋ねた。「5歳の時，友達はみんな自転車に乗れたけど，僕は三輪車にしか乗れなかった。乗れるようになろうと頑張ったけど，できなかった。とても嫌な気持ちだった」と彼は話した。別の回想では「僕はお手伝いを全てやり遂げたかった。でも両親は，背が低いから無理だと言った。とても落ち込んだ」と答えた。2つの回想から，次のような誤った思い込みが浮かび上がった。

- ・僕は同じ学年の仲間より劣っている
- ・他の人は，僕には能力がないと思っている

　コンサルタントは面接により，生徒の行動に関する暫定仮説を生成できた。コンサルタントは行動の目的を確認し，暫定仮説を提示する。例えば，「君がそんな行動をとるのは，いつも先生に構ってもらいたいからなのかな？」「君が学校で課題に手を付けないのは，全ての責任から逃れられるからかな？」のようである。生徒が質問にどう答えるかは，行動の理由への気づきを知るために重要である。とはいえ，それが全てではない。声のトーン，目の動き，顔の表情，微笑，目の輝きなど，非言語的サインにも注目する必要がある。DreikursとGrey（1968）はそれらを「認識反射」と呼んだ。

変化への提案

　コンサルタントは，人間行動の心理やクラスにおける相互作用のダイナミクスを深く理解する必要がある。それにより，生徒や教師の独自性に合わせた介入法を提供できる。こうした介入に役立つ提案を以下に示す。

1. **生徒との関係が重要だと，教師が気づけるようにする**。コンサルタントは教師が関係性を変化させる具体的方法を提案するとともに，その変化を継続すれば，生徒にどんな影響を与えるかを伝える。勇気づけまたは勇気づけ的な関係が，コンサルテーションの基盤となる。
2. **罰と対比して，論理的結末の有効性を教師が理解できるようにする**。例えば，よく遅刻する生徒がいたとする。「遅刻しても課題が減らないと分かれ

ば，生徒は間に合うように登校するでしょう」と教師に伝える。
3. **不適切な行動に報酬を与えないことを教える**。教師は気づかないまま，不適切な行動を助長していることが多い。例えばある生徒が騒いで，授業を妨害したとする。教師が止めようとすると，生徒が望んでいた権力闘争に巻き込まれる。教師は権力闘争を放棄し，生徒に注目を与えない。そして後日に個別面談を設定する。
4. **教師が生徒との関わり方に気づけるよう支援する**。優しすぎて，生徒を増長させてしまう教師がいる。逆に厳しすぎて，生徒の反抗を招く教師もいる。コンサルタントは，教師が生徒との関わり方を客観的に見られるようにする。そして生徒との関わりが，優しさの厳しさの両面で構成されることを理解できるようにする。優しさは生徒にケアと尊敬を伝える。厳しさは自己への信頼を伝え，ひいては生徒の信頼を引き出す。
5. **グループやディスカッションの力に，教師が気づけるよう支援する**。あらゆる行動は社会的目的を持つ。それゆえ行動は，グループ・ディスカッションにより大きな影響を受ける。グループは優れた診断ツールとなる。ある生徒がディスカッションで不適切な行動をとる理由を，教師は分かりかねた。コンサルタントは「ジョニーはなぜそんな行動をとるのかな？」とクラスに聞くかもしれない。仲間は不適切な行動の目的を，鋭く指摘することが多い。
6. **他者との相互作用で，生徒がどのようにライフスタイルを表出するのか，教師が気づけるよう支援する**。非言語的行動（例：微笑や表情）から，生徒の心理的運動やグループに居場所を確保する方法が分かる。教師が生徒のユニークなライフスタイルを理解できるにつれて，行動を変化させる方法が見えてくる。
7. **責任の適切な活用こそ変化への最適なツールだと，教師が気づけるよう支援する**。教師はすでに責任感を持っている生徒に，責任ある仕事を任せがちである。責任感を持つ必要がある生徒に仕事を与え，成長を促進する方が有意義である。
8. **困難な生徒への時代遅れのアプローチから教師が解放されるよう支援する**。教師は罰として宿題や課題を使わないよう注意する。また生徒が教師を操作しようとしても，巻き込まれないようにする。教師は人間の行動や動機づけを深く理解する必要がある。
9. **教師が生徒のライフスタイルを理解し，行動を予測できるよう支援する**。教師が混乱しているときは，生徒の期待と真逆のことをするとよい。

10. **お説教で生徒の行動は変わらないと，教師が理解できるよう支援する。**教師は説教ばかりで，行動しないことが多い。コンサルタントは新しい関係性や論理的結末の有効性を，教師が理解できるようにする。
11. **教師がクラス会議を実施できるよう支援する。**クラスに問題が生じているとき，クラス会議により全員が受け入れられる制限やルールを設定できる。

個人コンサルテーションの2事例

　個人コンサルテーションを行なうには，多くのスキルを習得したり，手法を知る必要がある。コンサルテーションは，教師とともに有効な問題解決的アプローチを展開する能力に基づく。次の事例は，教師への支援で出会ういくつかの問題を示している。すなわち，特定の問題に焦点を当てること，教師の感情と行動の理由への気づきである。コンサルタントが注意深く選択した進め方や対応には，どれも意図がある。

　◆**事例1**：フィル
　Ｃ1：フィルという生徒について教えてください。
　Ｔ1：8年生で，科学の授業を受けています。私を怒らせます。
　Ｃ2：彼のことで本当に困っているのですね。【感情を聴く】
　Ｔ2：今まで出会った中で最悪です。
　Ｃ3：具体的な例を教えてください。
　Ｔ3：いつも私が授業を始めると，教室を歩き回ります。教室から出て行くこともあります。
　Ｃ4：最近あった，特定の出来事が思い浮かびますか？【一般化を避ける】
　Ｔ4：ええ，私は科学を教えています。我ながらなかなかよいと思う授業を準備していました。生徒たちが座っているところに，フィルは大きな音で咳をし始めたのです。彼は水が飲みたいのだと思いました。それで「フィル，水が飲みたいなら，行っていいよ」と言いました。「いえ，大丈夫です」と彼は答えました。授業を続けていると，突然彼は立ち上がり，教室を出て行きました。「どこに行くんだい？」と尋ねると，「水を飲みに行くんだ。いいって言ったでしょ」と答えました。でも25分もたっているのですよ。
　Ｃ5：彼がそうしたとき，どんな気持ちになりましたか？【行動が教師にどんな影響を与えているか見ようとした】

T5：そういうことをされると，いつも腹が立ちます。本当に私をイライラさせます。

C6：あなたはどうするのですか？【教師の反応を確認する】

T6：席に戻るよう言います。時には無視します。

C7：戻るよう言うと，彼はすぐ戻りますか？

T7：ええ，いつも素直です。数分ほど窓の外を見てから，席に戻っていきます。大胆不敵というわけではないのです。

C8：彼はなぜそうするのだと思いますか？【行動の目的について，教師の認知を調べる】

T8：私の注目を引きたいのだと思います。歩き回ったり教室を出ると，私が呼び止めて「どうした？」と尋ねるのを彼は分かっています。本当は注目を求めているのだと思います。【教師は彼の家庭環境を説明し，厳しい父親がいることを強調した】

C9：彼にはどんなふうに注目を与えていますか？

T9：そうですね，彼と一緒に過ごすようにしています。放課後も一緒の時間を持ちます。彼はバスケ部に入っています。彼はとても有望なのですが，コーチを怒らせてしまいます。彼は自分が何をしているか，よく分かっていません。

C10：ちょっと戻ります。彼がそういうことをすると，あなたは本当に腹が立つと言いました。彼を無視することもあると言いました。どちらの反応が主ですか？

T10：彼は私を怒らせていることに気づいていると思います。

C11：あなたが怒っていることを彼は知っていると思うのですか？【教師の反応を生徒がどう認知するのか見ようとしている】

T11：彼に私の怒りが見えているかは分かりません。彼に怒鳴ったことはありませんから。

C12：思うに，怒らせていると分かっている子どもは，相手をコントロールしたいのではないでしょうか。権力を握りたいのです。【暫定仮説を提示し，子どもの目的と教師の感情の関係に気づかせようとしている】

T12：彼は本当に頭がいい少年です。IQも高く，学校でもっと力を発揮できると思います。でも，科学の宿題を5〜10題出しても，家で2つくらいやるだけです（教師は同様の例を説明してくれた）。彼は入念に，宿題に手を付けないようにしているのだと思います。

C 13：それで，彼は注目を引くためにやっていると思うのですか？

T 13：そう思います。放課後も一緒にいると，本当に嬉しそうです。

C 14：とはいえ，問題はほとんど学校で起こっています。彼を少しは勇気づけたと思ったことはありますか？【学校での状況に焦点を絞っている】

T 14：分かりません。彼に対して，ネガティブな態度をとっていたと思います。あまりほめるところが見つかりません。他の子の髪に火をつけたり，教室を出たりするのをほめられません。でも，やってみることはできるでしょう。

C 15：彼が注目を求めているなら，別のやり方で引くこともできると思います。私たちの注目を求めているのですから。【どうやって注目を引くかについて，気づきを生み出そうとしている】

T 15：いろんなことを見ようとすることはできるでしょう。何かを見つけられるか分かりませんが，やってみることはできます。

C 16：これから2，3日，やってみてください。たとえ小さなことでも。

T 16：はい。そんなふうに考えたことはありませんでした。それを彼は求めていたのですね。

C 17：彼が別のやり方で注目を引けたなら，先のような行動をする必要はなくなるでしょう。

　この事例では，生徒は教師との権力闘争に陥っているように思えた。だがコンサルタントは，不適切な行動の目的として，注目に焦点を当てた。コンサルタントの進め方は適切である。とはいえ教師の怒り感情を取り上げ，生徒の権力欲求を探索することもできたであろう。

◆事例2：リッキー

　次の事例は，コンサルタントがどのようにコンサルティのビリーフを探索するかを示している。

T 1：私の生徒であるリッキーについて助けてもらいたくて，来ていただきました。

C 1：はい。

T 2：彼は他者からの承認が必要な子どもに思えます。彼はいつでも，誰彼なく叩き，笑っています。でも，基本的には思いやりある子どものようです。

私は本当に彼のことが好きです。他の子から受け入れられるようになってほしいのです。彼も受け入れられることを欲しています。彼は注目してもらいたくて，そうするのだと思います。当たっているでしょうか，それとも的外れでしょうか？

C2：彼は受け入れられたいのだが，そのやり方を分かっていないという意味ですか？【教師のビリーフを確認する】

T3：はい。ひどいやり方を使わずに，注目を引くことです。

C3：分かりました。彼の特定の行動を挙げてもらえますか？

T4：彼の机の前を横切ると，誰だろうとパンチを入れます。

C4：それが起こったとき，どんな気持ちになりますか？【行動の目的を明確化するため，感情を尋ねる】

T5：ええ，彼がかわいそうに思います。他の子と仲良くしてほしいのです。他の子には何が問題かを考えるよう言ったのですが，ポイントがずれているように思います。彼らはリッキーと関わりたがりません。

C5：あなたが感じたことをもっと話してください。

T6：基本的には，彼に好意を持っています。彼にはよいところがたくさんあります。本当は思いやりがある子です。受け入れられてほしいのです。最初の三者面談のとき，彼は静かでした。

C6：彼が嫌われている理由を，両親に説明しましたか？【リッキーについての教師のビリーフを，うまく探索できなかった】

T7：はい。母親はいつも彼をかばいます。それには困ってしまいます。父親はあまり話しません。母親がいつも話しています。父親は私に同意しているように見えます。母親と話しても，埒があかない気がします。後の面談では，母親だけのときに会いました。母親によると，父親はリッキーをいつも叩いているそうです。彼が友達を叩くのは復讐ではないかと考えるようになりました。

C7：彼がそうするとき，他の子はどうしますか？ 行動の結末はどうですか？

T8：いろいろですね。笑う子もいます。女子は安全でないと感じるようです。男子は無視するか，我慢します。彼の近くに座ることになった女子は，不平を言います。

C8：不平を言うのを聞いて，彼はどう反応しますか？ 満足げだったり，嬉しそうだったりしますか？【行動の目的を明確化しようとする】

T 9：戸惑っていると思います。彼はあまり感情を表に出さないのです。

C 9：あなたには，ひどいことをしないのですか？【リッキーの行動について明確化する】

T 10：いいえ。私には反抗しません。いろいろしてあげていますから。

C 10：お話を聞くと，彼は自分より弱い者だけに傍若無人な行動をとるようです。多少なりとも，父親が彼にするように。私も，彼の目標は復讐だと思います。彼に罰を与えたことはありますか？

T 11：彼が近くにいる子を困らせていたら，引き離すことはあります。

C 11：それは罰ではなく，行為の結末です。それについて，彼と話したことはありますか？【論理的結末と罰を区別している】

T 12：彼に言いました。「どうしてそうするのか教えて」と。

C 12：彼は何と言いましたか？

T 13：受け入れられたいと。彼は自分のしていることを分かっています。なぜそうするのか時々，自分でも分からないと言います。

C 13：いくつか提案をします。彼と話す機会に，行動の目標は復讐ではないかと尋ねてみてください。彼の言うことや，反応をよく見てください。あなたが普段していることの中で，彼を勇気づけられないか考えてください。1週間ほど観察してから，またリッキーについて話し合いましょう。彼に対して，どんな新しいやり方ができると思いますか？【一度に多くを詰め込みすぎている】

T 14：彼に対する私の感情に，もっと気がつくようになると思います。

C 14：あなたの感情をもっと話してください。

T 15：本当に腹が立つことがよくあります。でも，それに今気づいたのです。

C 15：子どもへの怒りを認めるのはつらいことです。でも，それが相互作用の理解に役立ちます。小さなことでも，勇気づけるものが見つけられそうですか？

T 16：算数の時間は，彼がいるととても助かります。そのことを見つけました。

　個人コンサルテーションは，カウンセリングのスキルを適用して，コンサルティの気づき，理解，新しい人間関係，新しいやり方へのコミットメントを育てることである。

まとめ

　個人コンサルテーションは，カウンセリングと同じようなスキルを要する。コンサルタントがコンサルティにどんな態度をとるかで，コンサルテーションは有効にも無効にもなる。個人コンサルテーションの構造として，安心して相談できる環境づくりが不可欠である。管理職は妨げにならずにサポートする，重要な役割を担う。

振り返りの質問

1．個人カウンセリングと個人コンサルテーションの関係性は，どこが違うのか？
2．危機介入的，修復的，成長促進的コンサルテーションの定義を述べなさい。
3．コンサルテーションにおいて，ライフスタイルはどんな役割を担っているか？
4．教師はリソースとして，どのように活用できるか？
5．カウンセリングは援助関係である。コンサルテーションも援助関係であるとしたら，それはなぜか？
6．生徒への診断的面接は，コンサルテーションでどんな役割を担うのか？

第5章　教師への支援

はじめに

本章では次のことを学ぶ。

- （コンサルタント，管理職，教師による）認知の重要性
- 無益な三者関係
- 教師とコンサルタントに役立つビリーフ
- 教師とコンサルタントに役立つ行動
- 個人コンサルテーションの技法

アメリカ・スクールカウンセラー協会（ASCA）の全米モデル「スクールカウンセリング・プログラムの枠組み」は，専門スクールカウンセラーの役割と機能を提示している（ASCA, 2012）。それによると，スクールカウンセラーは少なくとも80%の時間を，直接的・間接的な生徒サービスに割くのが望ましい。ASCAの執筆者は以下のように，コンサルテーションを間接的生徒サービスの1つに位置づける。

「スクールカウンセラーはコンサルテーションを通して，生徒の学びを支援する方略を親，教師，地域機関と共有する。それにより生徒の権利を擁護し，学業，キャリア，内面と社会性の発達を促進する。そしてスクールカウンセラーはコンサルテーションを用いて，生徒のニーズに関する情報を集め，学びを促進するための方略を決定する」（ASCA, 2012, p.87）

全ての学校がASCAの全米モデルを採用しているわけではない。とはいえ，スクールカウンセラーが生徒に個別で関わるだけよりも，教師とのコンサルテーションによって学校に大きな影響を与えられる。

教師コンサルテーションの目的は，誤ったビリーフを明確化し，代替的なビリーフと行動を提案することである。ビリーフが変われば，行動も付随する。

教師コンサルテーションは，学校で最も困難なコンサルテーション関係と言える。ASCA（2012）が推奨するにも関わらず，スクールカウンセラーは10%未満の時間しか，教師と管理職へのコンサルテーションに充てていない（Agresta, 2004）。むしろ学習スケジュールの策定と会議に，本来より多くの時間を使っている。スクールサイコロジストは，コンサルテーション業務に2番目に多く時間を割いている。すなわちアセスメントに40%，コンサルテーションに16%，カウンセリングに6%となっている（Bramlett, Murphy, Johnson, & Wallingsford, 2002）。

　教師は忙しい中で，しつけや成績向上に役立つ方法を求めている。教師によっては，しつけによる効果が業務評価の項目となっている。

教師ーコンサルタント関係

　教師とコンサルタントの関係は，協働的なものである。コンサルテーションには，人間行動のダイナミクス，大人と子どもの感情，態度，目的を理解する必要がある。コンサルタントは，「支援するパートナー」として見られることが大切である。

　こうした関係づくりのため，管理職はコンサルタントを「生徒と周囲の大人を支援する人物」と認識すべきである。それゆえ多くのコンサルタントは，定期的に管理職と面談する。もし校長が教師ーカウンセラー間のコンサルテーション関係を重視しているなら，第一関門を突破したことになる。コンサルテーションがスクールカウンセラーの業務の1つだと理解している管理職は，そうした行動を奨励するだろう（Chata & Loesch, 2007）。

　ASCA（2012）が定めた業務をスクールカウンセラーが遂行できているか，校長は監督する。ある研究によると，スクールカウンセラーにとって最も有効な時間の使い方は，教師・親へのコンサルテーションだと管理職（高校1校，小学校8校）の約1/3が考えていた（Amatea & Clark, 2005）。管理職はスクールカウンセラーに生徒の心理的，社会的，学業的ニーズに応えられる専門性と，協働的アプローチを用いて教師・親を支援することを期待していた。

　スクールカウンセラーが上記の役割を遂行するには，コンサルテーションの必要・十分条件を入念に整えることが必要だと，校長は理解している。コンサルタントは，最初の1カ月は管理職，教師，親との関係構築に力を注ぐべきである。コンサルタントは教師と個別面談を行い，どう協働できるかを検討する。コンサ

ルタントは教師の話を傾聴し，クラス，生徒，関係性をどう認知しているかを感じ取ろうとする。コンサルタントは学校ぐるみのPBIS（ポジティブな行動介入と支援）など，学校システムが持っている強みも明確化する。

　教職員との協働関係は，最優先の業務である。コンサルタントは毎日の予定を立て，「危機状況」に振り回されないようにする。真の差し迫った課題は，支援者として頼られるような教師との関係を築くことである。「危機」への迅速な対応は注目されやすいが，あまり生産的ではない。第4章で述べたように成長促進的，修復的，危機介入的コンサルテーションのうち，成長促進的コンサルテーションが永続的な変化を生じていた。

　教師との関係深化に向けて，職員室など，教師がいつもいる場所に顔を出すことを勧めたい。職員室でコンサルテーションはできないが，そこは教師が鎧を脱ぎ，コンサルタントとの壁が消える場である。コンサルタントは教師が抱える悩みを共有できる。コンサルテーションは，生徒の権利擁護のためにあると誤解されがちである。むしろコンサルテーションは，教師がストレスや緊張を感じずに，課題を乗り越えるのを支援する場だと啓発する必要がある。

　コンサルタントは教師のやり方に効果がないと指摘し，「1人の人間として生徒に接するように」「もっと関心や愛情を注ぐように」などの一般論的な助言をすると誤解されやすい。クラスの規模や資源（リソース）の欠如が問題の原因なら，助言は役に立たないと見なされるだろう。

　コンサルタントは，教師の認知的世界に参入し，その準拠枠を理解する必要がある。「私はコントロールを失ってはならない」「何が生徒にとって最善か，私には分かっている」などのビリーフは，教師の変化を阻害する。私たちはこれを「視点（POV; Point of View）」と呼ぶ。

関係づくりの失敗

　2年生を受け持つ教師が，ジェイデンという生徒について，コンサルタントに支援を求めた。ジェイデンは活発な少年で，静かに作業をする時間をいつも邪魔していた。

T1：ジェイデンについて，良いアイデアはありませんか？　彼には本当に困っています。小テストの時間を邪魔するのです。
C1：彼を隔離しては？　机を反対側に向けるのです。
T2：それもやりました。彼はニヤリと笑いました。さらなる注目を得たのだ

と思います！

　上記の例で，教師の「視点」は何だろう？　コンサルタントは「危機」に引き込まれ，すぐに助言を与えている。だが「視点」に耳を傾けていない。教師の反応からジェイデンの目標を推量できるのに，コンサルタントは助言にかまけて情報を聞き逃している。
　コンサルタントが何かを教える際は，不適切な共感に陥りやすい。

　Ｔ１：ジェイデンについて，良いアイデアはありませんか？　彼には本当に困っています。小テストの時間を邪魔するのです。
　Ｃ１：そう，私が４年生を教えていたとき，同じような問題を経験しました。
　Ｔ２：あなたはどうしましたか？

　ここでは教師に共感しようとして，助言を与えている。状況や教師の準拠枠を理解しようとしていない。「私のクライエントは誰か？」とコンサルタントは自問すべきである。当然，答えは「ここに問題を持ってきた人物だ」となる。コンサルタントは，クライエントである教師が「誰の問題か？」を理解できるよう支援する。コンサルタントにケースを丸投げしようとする教師もいる。コンサルタントは，自分が何をすべきかを教師が理解し，状況を変えるための気づきを得られるよう支援する。次のような答え方が望ましい。

　Ｔ１：ジェイデンについて，良いアイデアはありませんか？　彼には本当に困っています。小テストの時間を邪魔するのです。
　Ｃ１：ジェイデンのことで，本当にお困りなのですね。最近あった出来事を，具体的に話してください。何を見聞きしましたか？

　コンサルタントは，悩みを抱えている人として生徒を扱わない。生徒は多くの場合，問題が存在するとさえ考えていない！　クライエントは教師である。
　別の生徒の事例である。ジュロームはいつも算数の課題をやりかけにしたまま，他の子とおしゃべりしていた。ジュロームは自分を変えようと思っていない。教師はジュロームについてコンサルテーションを求めた。ここで大切なのは，問題を抱えているのは教師だということである。だが，教師もそう考えているとは限らない。コンサルタントと教師が協働して解決すべき問題は，ジュロー

ムと教師の関係である。

 もう1つ大切な点は，人は自分の行動しか変えられない。ジュロームを変えたいなら，まず教師が変わるべきである。教師が変わると，ジュロームも変わり始める。これは事実であり，教師に非があるという意味ではない。

 このアプローチでは，不快感や不調和を経験している教師は，変化への準備が整っていると見なす。そしてシステム理論に基づき，システムの一部が変われば，全体に影響を及ぼすと考える。変化には，教師・生徒双方の認知的変化を伴う。

 コンサルテーションを広報する方法も変わりつつある。教職員に向けてニュースレターを発行するのは，有効な方法である。ニュースレターの内容として，「情緒的問題の解説」「ガイダンスのニーズ調査」「グループ・ディスカッションの進め方」「しつけの方法」「親面接の方法」などがある。Eメールもコンサルテーションの広報や運用に活用できる（Kruger et al., 2001）。

しつけの無益な三者関係

 Dinkmeyer, Jr.（1980）は，クラスでの問題行動の原因を教師がどう認知しているかを調べた。原因は主として親にあると，教師は考えていた。多くの教師が，自分の手に余る問題行動がクラスに存在すると答えた。そして教師－生徒関係の問題は，親・貧困などの外部要因に原因があると見なしていた。

 こうしたビリーフは，しつけに関する三者関係を形成しているようである。例えば，ジェシカの問題行動は親に原因があると考えた教師は何をするのか？　親に電話をかけるのがビリーフに沿っている。責任を果たしてもらうべく繰り返し親にコンタクトすると，調査に参加した教師は回答していた。つまり教師の行動はビリーフと連動し，ビリーフも行動に影響を及ぼす。

 親にコンタクトしても変化が起こらなければ，教師はスクールカウンセラーやスクールサイコロジスト，校長などに頼るかもしれない。教師は生徒の変化を願って，そうした人々にリファーする。こうした行動は，しつけのアイデアが尽き，お手上げの状態を示している。リファーすることで「生徒を治してほしい」というメッセージを伝えているが，スクールカウンセラー，スクールサイコロジスト，校長は応えられない。

 リファーをする教師は，次のような誤ったビリーフ（視点）を持っていることがある。

1．問題は生徒にある。
2．親，スクールカウンセラー，スクールサイコロジスト，校長なら問題を解決できる。
3．生徒を「治す」のは教師の仕事ではない。
4．それゆえ，クラスの問題行動は親が解決すべきだ。

しつけにおいて自分の責任を果たさない教師は，教科指導で生徒の努力を認めることも難しいだろう。

教師のビリーフ

　自己と生徒に関する教師のビリーフが及ぼす影響力は，甚大である。クラスの生徒は，教師のビリーフの影響力から逃れられない。次の例を考えてみたい。

　ジャニスは新しい服や文房具を揃え，学びへの意欲も新たに2年生に進級した。担任のバウマン先生は，現在4年生のジャニスの兄を受け持ったことがあった。彼は利発で，どんな課題もこなす生徒だった。1カ月が経ち，ジャニスは読書の授業で詰まってしまった。彼女はあることで勇気をくじかれていた。すなわちバウマン先生はジャニスに言っていた。「君ならできるよ。お兄さんは，これまでで最も優秀な生徒の一人だったのだから」

　バウマン先生の言葉から，ジャニスは何を思っただろう？　バウマン先生は，ジャニスのことをどう考えているのだろう？　これは勇気づけなのか，勇気くじきなのか？　たとえ善意でも，この言い方では望んでいた結果を達成できない。
　教師のビリーフを理解することが大切である。どの教師もビリーフを持っており，それがクラスでの行動の基盤となる。教師－生徒関係を促進して生徒の力を引き出す，有用なビリーフもある。逆に生徒との関係を悪化させるビリーフもある。教師によくある誤ったビリーフ（Dinkmeyer, McKay, & Dinkmeyer, 2000）を挙げ，コンサルテーション関係とのつながりを検討する。

1．生徒は私に協力すべきだ
・生徒は私の監督下にある。だから私の指示に従って動くべきだ。そうでないと，私は無能な教師だ。私の要求に合わせて，協力はなされるべきだ

2．私はあらゆる生徒と状況を管理すべきだ。そうでないと，私は無能な教師だ
・私は持っているスキルで，全ての生徒を管理すべきだ。生徒の扱い方は十分に知っている。コンサルテーションを受けると，私が失敗したことになる
3．私の計画は何があろうと成功させねばならない
・私の計画は唯一無二で，変更の余地はない。生徒をコントロールしたり，負けないことが大切だ。他者との関係において，私は妥協しない。
4．性根が悪い生徒もいる。彼らが協力しなければ，罰するしかない。
・善良な生徒ばかりではない。手の施しようがない生徒もいる。私はしつけとして罰を用いて，従属させる。唯一の効果的なしつけは，外部から生徒をコントロールすることだ。
5．生徒からコントロールされないために，クラスと生徒をコントロールすべきだ。コントロールを失うのは危険だ。
・コントロールすることが大切だ。これは現実的な悩みである。すなわち，30人もの生徒にどう対応すればよいか？　教師の多くは，クラス運営の訓練を受けていない。また，コントロールを最優先とするしつけを教えられてきた。
6．不幸は外部からもたらされる。自分の感情はコントロールできない。
・現状は変えられない。変化に見合う利益はない。変化の助けとなるリソースがない。
7．生徒は遺伝と環境の産物であり，変えることはできない。
・私の行動やビリーフでは，生徒は変わらない。学校の与える影響は僅かである。

　教師はよくコンサルタントに，上記のようなビリーフを提示する。「コントロールしなければ」と話す教師は少ないが，彼らの言動はこうしたビリーフと一致する。教師のビリーフが行動にどんな影響を与えるかを，表 5.1 と表 5.2 に整理した。
　コンサルタントの役割は，教師の話を傾聴し，基底にあるビリーフを探ることである。多くの場合，教師は最初から生徒を変化させる方法を検討しようとする。それゆえ傾聴は大切だが，コンサルテーションの目標ではない。一定の手続きによりビリーフの理解を促し，代替案を提示する必要がある。

表5.1 教師の非建設的なビリーフ (Dinkmeyer, McKay, & Dinkmeyer, 2000)

ビリーフ	行動	生徒への影響
私はコントロールすべきだ	・服従を強いる ・ご褒美と罰 ・自分は正しく,生徒は間違っていると主張する ・過保護	・闘争に勝った者が正しいと考え,反抗する ・本心を隠す
私は優れている	・生徒を憐れむ ・責任を持つ ・過保護 ・正義の味方を演じる ・生徒を恥ずかしく思う ・優位に立とうとする	・自分を憐れみ,他者のせいにする ・人生は不公平だと思う ・依存的になる
私は特別であり,他者は私に従うべきだ	・公平性にこだわる ・条件つきで与える	・人生は不公平だと思う
私は完璧であるべきだ	・自己・他者に完璧を求める ・あら探しをする ・生徒が何を考えているかを気にする ・生徒をよく見せようとする	・利用されていると感じる ・他者を利用する ・自分は不十分だと思う ・完璧主義になる ・他者の意見を気にする
他者と比べて,私には価値がない	・甘やかす ・ルールを定めない ・生徒の言いなりになる ・「ノー」と言うことに罪悪感を持つ	・自分のやり方を通そうとする ・混乱する ・他者の権利を尊重しない ・利己的になる

個人コンサルテーション

　多くの教師は,個人として相談を持ち込む。1つの問題で,複数の教師がコンサルテーションを求めることは少ない。各々の相談は,1人の生徒に焦点を当てる。チーム・ティーチングの場合も,1人の教師がチームを代表して訪れる。

　それゆえコンサルタントは,個人ベースで教師を支援する必要がある。教師への個人コンサルテーションを阻害する要因は,次のようである。

1. **助言は自然な反応でなければ,その場しのぎである。** 生徒との関わりでは,感情とビリーフを傾聴し,代替案を検討するのが普通である。だが教師への支援では,助言をしてしまう。機械的な助言は,シンプルな解決策を処方しようとするが,教師の感情,ビリーフ,代替案を見落としてしまう。単

表5.2 教師の建設的なビリーフ (Dinkmeyer, McKay, & Dinkmeyer, 2000)

ビリーフ	行動	生徒への影響
生徒は自分で意思決定できる	・選択してもらう ・勇気づける	・自信を持つ ・挑戦する ・貢献する ・問題解決に取り組む ・対処能力が高まる
私と他者は対等だ	・生徒を信頼し，敬意を払う ・自律性を勇気づける ・選択と責任を与える ・生徒の貢献を期待する	・自律性と責任が育つ ・自分で意思決定する ・自己と他者に敬意を払う ・対等性を重視する
相互尊敬は大切だ	・対等性を促進する ・相互尊敬を奨励する ・罪悪感を助長しない	・自己と他者に敬意を払う ・社会的関心が高まる ・他者を信頼する
私は人間であるゆえ，「不完全を受け入れる勇気」を持つ	・現実的な基準を設定する ・強みに注目する ・勇気づける ・自分の理想を押しつけない ・忍耐強い	・名声よりも目の前の課題に集中する ・失敗を挑戦と捉え，挑戦する勇気を持つ ・他者に寛容になる
自分自身を含め，全ての人が重要な存在だ	・相互尊敬を奨励する ・貢献に期待する ・利用されるのを拒絶する ・必要時に制限を設定し，「ノー」と言える	・制限を理解し，受け入れる ・他者の権利を尊重する

なる助言者としてのコンサルタントは時代遅れで，役に立たない。
2. **教師の内的準拠枠を理解しないと，有効なコンサルテーションはできない**。認知とビリーフの明確化が不可欠である。個人コンサルテーションでは，教師がビリーフを開示する意欲を持っているかが，検討を深める前提となる。
3. **教師はコンサルタントのアイデアに，「それは役に立ちません」「もう試しました」「最近，あなたは教室に来ていませんね？」などと返答できる**。フィードバックをくれる同僚がいない教師でも，コンサルタントの提案を拒否できる。
4. **コンサルタントは，自身が受けた教育や経験による制限を受ける**。それゆえ，教師の経験するあらゆる状況に対応できるとは限らない。教師に相談できる仲間がいれば，コンサルタントの制限に関わる弊害を減らせるだろう。

グループ形式の教師支援は有効だが，コンサルテーションや教育であまり活用されていない。体験学習グループが持つ潜在力を引き出せないと，グループ形式

の教師コンサルテーションは勇気くじき的で，不十分な経験となりかねない。そのため教師グループは，問題解決と教育の両面を志向する。教員養成の課程を修了しても，クラス運営ができるわけではない。グループを学んだ教員免許の保持者は，1/3に満たないだろう。教師がグループの影響力やダイナミクスを知らないなら，教員養成のプロセスに根本的な欠落がある。グループ・ダイナミクスのような基本概念に触れないのは，教師教育として不十分である。教師グループの例として，巻末資料2を参照されたい。

校内研修の構成

　教師への校内研修は，8月に数日をかけて行う。教師がスキルを習得するには，年間を通して継続的に研修をする必要がある。教師研修の包括的プログラムとして，STET (Systematic Training for Effective Teaching) がある (Dinkmeyer, McKay, & Dinkmeyer, 2000)。内容は以下のようである。

- 不適切な行動の理解
- 教師としての自己理解
- 勇気づけ
- コミュニケーションと傾聴
- 考えや感情を生徒に伝える
- 代替案の生成と問題解決の話し合い
- 自然な結末と論理的結末により責任感を育てる
- グループの理解
- リーダーシップのスキル
- グループへのガイダンス
- クラス会議
- 特別な問題への理解と対応
- 親への支援

　STETには1回が1時間の短縮版と，2時間版がある。各回は3部構成の学習サイクルをとる。第1部は文章と図表により，新しい考え方が提示される。第2部では，問題状況が描かれた教材を用いてスキルを練習する。第3部は，学んだアイデアを生徒に適用する。STETの基盤は，民主的プロセスを教育現場に適用

することである。それゆえ民主的な原理と手続きにより，教えられる必要がある。

校内研修に必要なトピック

有効なプログラムには，以下のトピックが含まれる。

- ・人間行動に関する有用な理論
- ・動機づけ技法
- ・コミュニケーション・スキル
- ・しつけ技法
- ・グループワーク
- ・親への支援

人間行動に関する有用な理論

生徒はクラスでどう動いているのか？　多くの教師は，自分や生徒をよく理解していないため，混乱に陥ってしまう。人間の行動は予測できる。第3章で述べたアドレリアン・アプローチは，クラスにおいて生徒への理解を深めるために役立つ。特に不適切な行動の目標は，生徒の的確な理解と対応を可能にしてくれる。

自己理解も重要である。1対1よりも，グループ・教育形式のコンサルテーションのほうが，自己理解に関する情報は受け入れられやすい。アドラー心理学は教師支援において，リアリティ・セラピーなど他学派のアプローチとも折衷を図ってきた（Glasser & Carlson, in press）。

動機づけ技法

必要な生徒に限ってほとんど動機づけをされておらず，あまり必要としない生徒が動機づけられている現状がある。ほめと報酬のシステムでは，動機づけの低い生徒は置き去りにされる。勇気づけなどの動機づけ技法を，グループで学ぶこともできる。

コミュニケーション・スキル

最初から聴き上手の人は少ない。生徒の話をどう聴けばよいだろうか？　昔から教師は，動機づけ技法として傾聴を重視していなかった。じっくり話を聴いてもらった生徒は，動機づけを高める。教師に必要なコミュニケーション・スキルは，反映的傾聴，私メッセージ，問題解決会議である。教師への支援で，コンサ

ルタントはこうしたスキルのモデルを示す。

しつけ技法

　しつけとは、クラスの秩序を保つための方法である。しつけで有効なのは、予防的な方法である。タイムアウト、校長・カウンセラーへのリファーだけでは、有効なしつけのシステムはできない。

　多くの教師は、罰によるしつけに慣れている。その代替案として、自然な結末と論理的結末がある。生徒の選択は学習プロセスとなる。たとえ「間違い」を犯しても、その選択から学ぶことができる。

グループワーク

　教師はほとんどグループ・ダイナミクスを学んでいない。グループ・ダイナミクスは、各々の不適切な目標を教えてくれる。どの生徒も、集団に所属しようとする。適切・不適切な行動の目標は、グループの状況とダイナミクスの中で明らかになる。

　グループにおける適切・不適切な行動の理解、グループ・ダイナミクス、リーダーシップ・スキル、クラス・ガイダンス、クラス会議は、大切な教育スキルである。教師がこれらを知らなければ、コンサルテーションで理論から教える必要がある。

親への支援

　第7章で、親に対して有効なコンサルテーションを論じる。家庭において、急激な社会的変化が起きているようである。両親が別れないまま大人になる子どもは、半数を下回る。コンサルタントは親に関心を払い、親への支援方法を教師に教える必要がある。

問題解決グループの原理

　教師への教育グループは、コンサルテーションにも役立つ。教師がグループで得た新しい情報、スキル、気づきは、問題解決に向けたコンサルテーションの基盤となる。

　人間は分割できない、社会的で、意思決定する存在であり、その行動は社会的目的を持つ。コンサルタントがそうした認識を持っていれば、教師グループは有

意義なものとなる。教師と生徒を社会的存在として捉えれば，新しい気づきが生まれ，あらゆる言語的・非言語的な相互作用に意味を見出せる。つまり，人間の思考と行動を包括的に理解できる。

　グループに参加した教師は，これまで自分が困難な生徒にどう対応していたかに気づかされる。グループ場面は，教師と生徒のライフスタイル，誤った前提，不適切な考え方を捉え直す機会となる。グループは全体論的なアプローチであり，教師と生徒双方の知性，感情，行動を検討しようとする。

　教師は支持的・受容的で思いやりのあるグループの雰囲気の中で，さまざまな経験をする。教師は自分の行動，感情，態度へのフィードバックをもらい，人間関係を見つめ直せる。生徒との有効な関わり方を話し合うこともできる。生徒との関係に問題を抱えていない教師も，成功した方法を共有できる。

　グループ・ダイナミクスを理解するには，教師が参加者として体験する必要がある。多くの教師教育では，グループの参加者やリーダーとなる体験が欠けている。1人の人間として生徒を見るために，教師自身が1人の人間としてグループに参加する必要がある。

　ほとんどの問題は対人関係に起因するという認識が，教師グループの前提となる。教師が抱える困難は，生徒との関係から生じる。社会的コンテキストで生徒の行動を理解する必要があると，教師は気づくようになる。次に生徒のライフスタイルを分析する。ライフタスクへの独自のアプローチは，生徒の自己概念や人生観と一致する。さらに重要なのは，教師のライフスタイルおよび生徒や参加者への反応の仕方が，グループで浮き彫りになることである。

　グループはコンサルタントと参加者にとって，貴重な社会的実験室となる。それは学校と同じく社会の縮図，小さなコミュニティである。教師がグループの一員として機能するようになると，生徒がグループの中でどう動いているかが見えてくる。グループには診断的，教育的，治療的意義がある。

　グループでは行動が浮き彫りにされる。生徒に囲まれて，教師は自分を隠し通せるものではない。教師の問題解決の仕方がグループで共有される。

　グループには多くの治療作用が働いている。グループでは独自の受容が経験される。仲間から共感されたり，気持ちを発散したり，感情を表現する場でもある。

　教師はアイデアを試行し，グループで仲間からフィードバックを受ける。生徒に関する問題は普遍的であり，他の教師も同じような困難を経験している。こうした認識がグループで生まれる。普遍化により，信頼，協力，活気がグループに生成される。参加者の愛他性と，仲間の成長を助けたい気持ちが促される。

グループでは他者が抱える困難を知り，状況を打開するアイデアを生み出せる。観客療法と他者の経験から学ぶことが，主な治療作用である。「Ｃグループ」による教師コンサルテーションは，巻末資料2を参照されたい。

勇気づけ

　クラスの日常活動において，勇気づけは有効な強化の方法である。コンサルタントは教師に勇気づけ概念を教えたり，関わりの中で勇気づけのモデルを示す。周到な準備と計画に基づき，教師は生徒に勇気づけを適用できる。勇気づけのプロセスは，次のようである。

・世間的な評価に価値を置いたり，教師の理想を押しつけない。ありのままの個人を認める
・信頼を示すことにより，生徒の有能感や自信が育つ
・生徒の能力を信頼する。生徒は教師を信頼するとともに，自分に誇りを持つようになる
・達成した仕事だけでなく，努力にも注目する
・グループを活用して生徒の成長を支える
・どの生徒も自分の居場所を見出せるよう，グループをまとめる
・スキルの発達を支援しながら，成功できるように計画を立てる
・誤りよりも，長所や強みに注目する
・各々の興味を活用し，学びを動機づける（Dinkmeyer et al., 2000）

　勇気づけはプロセスであり，1回きりの行為ではない。教師が尊敬と信頼を伴って接していることが，生徒にも伝わる。人間としての価値を尊重していることが，生徒への態度に反映される。
　ほめと勇気づけは動機づけの方法だが，両者は同じではない。ほめは結果に焦点を当てるが，勇気づけは貢献に向かう努力を重視する（表5.3と表5.4を参照）。
　Dinkmeyerら（2000, P.64）は，以下のようにほめと勇気づけの違いを整理した。

・勇気づけは自己と能力への信頼を育てる
・勇気づけは自己と他者への基本的態度である

表5.3 ほめと勇気づけの違い（ほめ）（Carlson & Thorpe, 1984）

特徴	生徒へのメッセージ	生じやすい結果
外的コントロールを重視	私に従うときだけ，あなたには価値がある	・生徒は同調を重んじるようになる ・同調は屈服だと考え，反抗する
外的評価を重視	・あなたは信用できない ・私を喜ばせる限り，あなたには価値がある ・私を喜ばせない人はいらない	・生徒は他者をどれだけ喜ばせたかで，自分の価値を測るようになる ・ダメ出しを恐れる
出来のよい，完遂された仕事にのみ報酬を与える	私の基準に達していれば，あなたには価値がある	・生徒は高すぎる基準を設定し，どれだけ完璧に近づいたかに価値を置く ・失敗を怖れる
自分が評価され，利益を得ることを重視	・あなたが一番だ ・他者に優越する限り，あなたには価値がある	・生徒は競合的になり，他者を踏み台にしても出し抜こうとする ・一番にならないと，自分には価値がないと思う

・勇気づけはほめと異なる。ほめは優秀だったり一番をとった人に向けられる。勇気づけは，あらゆるポジティブな運動に与えられる。勇気づけられるために，何かをする必要はない

　ほめと勇気づけの違いは，時に僅かである。ある教師はその違いを，「生徒が駆けっこをしています。ゴールしたときの声援，拍手，賞はほめに当たります。走っている最中にできる支援が，勇気づけです」と説明した。

　ほめは生徒の自己イメージに影響を与える。「人間の価値は，他者の期待や価値観にどれだけ応えられるかで決まる」という考えは，ほめに伴ってもたらされる。「ほめられたら，私には価値がある。叱られたら，私には価値がない」のようである。困難を乗り越える力は，他者の肯定的・否定的な意見に左右されない。

　ほめられるのは当然の権利だと，生徒は考えるようになる。そのため，あらゆる努力をほめられないと，「かわいそうな私。誰も私を認めてくれない」と嘆き，人生は不公平だと感じる。そして「それをしたら，何がもらえるの？ほめ（ご褒美）がないのに，何でしなければいけないの？」とばかり，ほめられないなら，努力の必要もないと考えるかもしれない。こうした生徒の多くは成績優秀だが，ほめに固執している。ほめは勇気くじきとなる。「ほめられるに値しない」生徒に，教師は何を言えるだろうか？

表 5.4　ほめと勇気づけの違い（勇気づけ）（Carlson & Thorpe, 1984）

特徴	生徒へのメッセージ	生じやすい結果
建設的に生きる力を重視	あなたが責任感を持ち，自立できると信じる	・生徒は不完全を受け入れる勇気と挑戦心を学ぶ ・自信と責任感を持つ
内的評価を重視	あなたの自己評価と努力が大切だ	生徒は成長に目を向け，自己決定するようになる
努力と成長を重視	完璧でなくても，努力と成長が大切だ	・生徒は自己と他者の成長に価値を置く ・課題を投げ出さない，粘り強さが育つ
長所・貢献・感謝を重視	・あなたの貢献には価値がある ・あなたがいると助かる ・あなたに感謝している	・生徒は能力・努力を自分だけでなく，他者のためにも使おうする ・自分だけでなく，他者の成功も喜べる

　目指す水準が高い生徒は，ほめを無責任と思うかもしれない。それは，努力しても自分が設定した基準に達しなかった場合に顕著である。ほめにより，落胆や失望を分かってくれないという怒りが生じる。

　生徒が自己肯定感を持つには，自分が誰かの役に立てる存在だと思える必要がある。学びと変化への意欲は，生徒が自分をどう見ているかに反映される。それゆえ教師やコンサルタントは，ポジティブなフィードバックを心がける。コンサルタントは教師や生徒の長所を見出し，それを用いてどう貢献するかを提案できる。表 5.5 に，勇気づけに活用できる長所のリストを提示する。

　コンサルタントは教師・生徒を信じ，彼らが自分自身を信頼できるようにする。信頼を伝え，失敗を許容する。結果だけでなく向上にも注目し，努力のポジティブな側面を指摘する。

勇気づけの方法

　勇気づけにより教師と生徒を動機づけるには，次の点が大切である。

- **教師・生徒の強みを見つける**：結果だけでなく，ポジティブな努力を探す。
- **短所の指摘は最低限にする**：小言，批判，反省の無理強いは控える。
- **感謝を伝える**：勇気づけにつながる言い方として，「あなたの笑顔はとても素敵です」「あなたの論文の簡にして要を得たところが好きです。読めてよ

表 5.5　勇気づけに活用できるポジティブな特性

```
友好的　尊敬される　思慮深い　情け深い　好かれる　愛される　優しい　活発な
自立した　有能な　幸せな　誇り高い　満ち足りた　ワクワクした　善い　触発された
陽気な　暖かい　思いやりある　洞察力ある　先見性ある　強い　敏感な　素早い
鋭い　満足した　心地よい　リラックスした　寛いだ　目覚めた　価値ある
共感的　興味ある　安心な　喜んだ　勇敢な　人気ある　平和な　人目を引く　決然とした
確固たる　魅力ある　揺るぎない　優美な　熱烈な　熱心な　楽観的な
楽しげな　勇気ある　希望に満ちた　嬉しい　知的な
```

かったです」「すぐ仕事に取りかかっていただき，ありがとうございます。さもないと書類の山に押し潰されるところでした」などがある。

- **友好的に接する**：傾聴し，思いやりと関心を伝える。
- **好意を伝える**：私的なコメント，手紙，肩に手を置くなどでも，思いやる気持ちを伝えられる。授業中，休み時間，放課後を一緒に過ごしてもよい。
- **スモールステップに区切る**：タスク全体を見ると，圧倒されてしまう。勇気をくじかれた人には，仕事を分割して提示する。各部分が終わるごとに，勇気づけられる。
- **ユーモア**：ウインク，言葉遊び，笑いは和やかな関係を生む。相手「を」笑うのでなく，相手と「ともに」笑うこと。
- **努力に注目する**：仕事の出来が悪くても，取り組みの姿勢を認める。新しい仕事や学びに際しては，特にサポートと勇気づけを要する。成功できるほどに能力が上がれば，行動への強化に移行する。
- **生徒や教師との相互作用に留意する**：あらゆる行動には目的があり，私たちは逆効果の対応をしているかもしれない。例えば注意を引こうとして困らせる生徒には，説教，叱責，罰で対応しがちである。注目をすればネガティブな行動をなくすどころか，承認を与えてしまう。
- **しつけでは言葉を少なく**：行動は言葉より有効である。怒りの言葉は勇気くじき的で，しばしば不正確である。生徒が許容できない行動をとった場合は毅然と対応するが，その後は友好的に話しかけるとよい。それにより，行動は受け入れられなくても，変わりなく生徒に敬意を払っていることが伝わる。
- **問題を肩代わりしない**：教師・生徒を信頼し，彼らが自分で問題を解決できるようにする。その悩みや関心を思いやりながら，彼らの自由に委ねる。
- **賞罰を使わない**：賞罰は勇気くじき的で，効果に乏しい。
- **教師と生徒をありのままに受け入れる**：自分の理想像を押しつけない。

・**共感的理解に努める**：教師・生徒の視点で世界を見ようとする。

勇気づけの3段階

ステップ1：ポジティブな行動・特性・努力を明確化する

　多くの教師が，ポジティブな行動を見つけるのに苦労している。表5.6に行動の例と関連するメンタルヘルスの原理を挙げた。生徒を動機づけるには，何を勇気づけたいのか，何を変化させたいのかについて，明確な理念を持つ必要がある。そしてそれを望ましい努力や運動など，具体的な行動として指し示す。

　私たちは生徒の役に立てていると思い込んでいても，実際はその逆のこともある。勇気くじきの落とし穴に気づくことが大切である。

　以下は行動に**先立つ**，勇気くじき的な言動である。

- 汚しちゃダメよ
- くれぐれも注意しなさい
- あなたはまだ子どもなのだから
- 慎重に
- 私が代わりにやってあげる
- 私がやり方を教えてあげる
- あなたには無理よ
- 年下の子にもできるのだから，あなたにもできるわ
- あなたもスージーを見習いなさい

以下は行動の**後**でなされる，勇気くじき的な言動である。

- それじゃダメよ
- あなたのことを信じるんじゃなかったわ
- もっと上手くできたはずよ
- 何度も言ったでしょ
- いつになったら自立するの？
- 私の言うことを聞いていれば
- あなたがもっと真面目だったらねえ
- またやったのね

表 5.6　ポジティブ・メンタルヘルス（Carlson & Thorpe, 1984）

原理	行動
他者の権利を尊重する	・順番を代わる ・他者の時間を独り占めしない ・美術の授業後は，道具をきれいにする ・課題に取り組んでいる生徒の邪魔をしない
寛容さ	・他者がついてこられるように，ゆっくりと歩く ・他者が課題に取り組んでいる時は，静かに待つ ・校庭にいる全ての生徒，全ての能力を受け入れる ・文化的背景の異なる生徒が，英語や校則を理解できるよう支援する
他者への関心	・他者を遊びに誘う ・欠席した生徒を気にかける ・すすんで他者を援助する ・他の生徒に話しかけ，知り合いになる ・社会的な機能を高める
他者に協力する	・期限までに課題を仕上げる ・グループでまとめ役をする ・他者の話に耳を傾ける ・他者と対立するのではなく，協働する
勇気	・挑戦し，新しい経験を楽しむ ・試験のプレッシャーがあっても，心の平穏を保つ ・熱心に課題に取り組む
真の自己価値の感覚	・自分自身を好きである ・現実的に行動する ・自分の長所や傾向を理解し，受け入れる ・不完全を受け入れる勇気を持つ
所属感	・所属しているグループのことをよく話す（友人，ボーイスカウト，スポーツチーム，教会など） ・学校で受け入れられていると感じる。居場所を見出すために問題を起こす必要がない ・グループに貢献している ・特定の活動や手続きに際して，投票を行う
社会に受け入れられる目標	・社会的ルールから逸脱しない ・クラスの活動に関わる ・協力的，公正，公平な態度をとる ・ケンカをしない。ぶつかるのを怖れて引きこもらない
一心に努力する	・課題に取り組む ・宿題をする ・話し合いに参加する ・学びに関心を持つ

状況のニーズに応える	・最善の意思決定をする ・問題解決ができる ・責任感を持ち,その時々の状況に対処する ・自分の課題を過小または過大に評価しない
自分の取り分を考えるよりも,シェアする	・躊躇せず他者に助けを求められる
「私」より「私たち」のことを考える	・昼食,鉛筆,クレヨンなどをシェアする ・結果よりプロセスを重視する ・「私」より「私たち」という言葉を多用する ・他者に思いやりや関心を示す ・すすんでシェアを提案する

・全く,いつになったらできるの?
・自分の仕事に誇りを持てないの?

以下のリストは,生徒の強みを発見し,指摘するために役立つ。

1. **特技と才能**。直観力。推量し,的中させる力。園芸,機械,販売,建築,数学などの能力。
2. **知的能力**。推論し,問題解決につなげる力。知的好奇心。アイデアを練り,口頭または文章で表現する力。独創的・創造的思考。学びを楽しむ力。
3. **教育・訓練**。優秀な成績。成績の向上。優秀者への表彰。講義や教材による職業訓練と自己学習。
4. **仕事**。特定の仕事経験。仕事を楽しむ,同僚と付き合う,仕事に誇りを持つなどの職務満足度。
5. **美的能力**。自然や芸術の美を理解し,味わうこと。
6. **組織能力**。リーダーシップの発揮。短期的・長期的目標の設定。指示を出し,遂行する。
7. **趣味**。趣味への関心と熟達。工作,コンピュータ,ビデオゲームなどの能力。
8. **表現的アート**。ダンス,文章,スケッチ,絵画,彫刻,造形,音楽など。リズムをとる能力。
9. **健康**。健康は強さである。栄養,運動,ストレス・マネジメントによる健康の維持・向上。
10. **スポーツとアウトドア活動**。アウトドア活動,スポーツ,キャンプ,狩

猟などへの積極的な参加。
11. **想像力と創造性**。想像力と創造性を用いて，新しいアイデアを生成する。
12. **関係性の能力**。人々と気安く接し，心地よくさせる能力。初対面の人とコミュニケーションする能力。配慮，礼儀，敬意を伴う接し方。他者の欲求や感情への気づき。他者の話に耳を傾ける。他者が自分の能力や強みに気づけるよう支援する。
13. **情動的能力**。愛情を授受する能力。さまざまな感情を味わえる。自然体である。相手の視点に立てる。
14. **その他の能力**。ユーモア。自分自身を笑いのネタにしたり，冗談を言う。新分野を開拓したり，新しい方法を試すのを好む。対人関係や環境について冒険する。粘り強さ。物事をやり遂げるという強い意志。お金のやり繰りができる。旅行，学習，読書を通して異文化や外国語を理解する。プレゼンテーションの能力。身だしなみに気を配る。

ステップ2：行為者よりも行為に注目する

　生徒の行動は許容できなくても，1人の人間として生徒は常に尊敬に値する。望ましいと思える行動を生徒がとった場合は，ポジティブな行動を指摘することで意欲を大きく高められる。「あなたは凄い（素晴らしい，最高だ，かわいい）」などの言い方は避ける。逆もまた真なりと，生徒が思ってしまうためである。すなわち喜ばせられないと，「酷い（最低，かわいくない）」生徒になってしまう。生徒がポジティブな行動をとっていることを指摘すると，生徒は勇気づけられ，動機づけられる。表5.7にこの概要を示した。

ステップ3：勇気づけの言葉を伝える

　教師は言葉をはっきりと伝えることで，生徒の動機づけを高められる。自分の意見や価値観の表明を控え，生徒が自分自身を信頼できるようにする。それが勇気づけの鍵である。

　生徒への信頼を伝える言い方を以下に示す。

・課題をやり遂げたね。君のやり方が好きだよ
・そのやり方でいいと思うよ
・読書を楽しんでくれて嬉しいわ
・プロジェクトに満足しているようで，私も嬉しいよ

表 5.7 行為者と行為への注目の比較（Carlson & Thorpe, 1984）

行動	行為者への注目	行為への注目
生徒がきれいな字で書かれた作文を提出した	あなたは素晴らしいわ！	本当にきれいな字で書かれているわね。読みやすくて助かるわ
生徒が困難な仕事に立候補した	すごいじゃないか	挑戦することにしたんだね。そんな君のやり方を心から支持するよ
生徒が課題を説明するのを手伝ってくれた	君はとても思いやりがあるね	自分の仕事もあるのに，他の子のことを思って，手伝ってくれたんだね。君のそういうところか好きだな

・プロジェクトに満足していないようだね。もっと楽しくなるには，どうしたらよいと思う？
・君は嬉しそうだね
・それについて，君はどう思う？

生徒の能力に注目した言い方を以下に示す。

・君ならできるよ
・君は自分で決める力を持っているよ
・君なら完成させられるよ
・ちょっとキツイね。でも，きっと君ならやり遂げられるよ
・君ならきっとできる。君のことを知っている私が言うのだから大丈夫

援助と長所に注目した言い方を以下に示す。

・ありがとう。本当に助かったよ
・〜してくれるなんて，君はよく人を思いやっているね
・どうもありがとう。おかげで仕事が楽になったよ
・〜について，君の助けが必要なんだ
・君は〜のスキルを持っているね。それをクラスでも発揮してもらえないかな？

努力と成長に注目する言い方を以下に示す。

・君が努力してきたのを見ていたよ

- うわぁ，すごく進歩したじゃないか！（具体的に説明する）
- この部分が成長したね（具体的に説明する）
- 君はまだゴールだと思っていないようだね。でもご覧，ずいぶん遠くまで来たじゃないか！
- それについて，君は深く考え抜いたようだね
- 君は宿題を本当に頑張ったようだね

生徒にかける言葉が勇気づけとなるかは，それを用いる教師の態度と目的にかかっている。

まとめ

教師がビリーフを変化させ，生徒との新しい関わり方を習得するのをコンサルタントは支援できる。個人コンサルテーションに加え，教育的グループ（STET）および問題解決的グループ（Cグループ）で教師と関わることが有効と私たちは考える。教師は効果的な教育スキルと，それらを日常活動にどう取り入れるかを学ぶ。勇気づけを正しく理解・活用すれば，あらゆる教師－生徒関係に役立つ。コンサルタントはポジティブで勇気づけ的なアプローチを重視する。

振り返りの質問

1. 生徒が関わる問題について，教師はなぜ親を非難するのかを説明しなさい。
2. コンサルタントはどうやって「無益な三者関係」を解消できるか？
3. 特定の経験をしていない参加者にグループはどんな影響を与えるか，話し合いなさい。
4. 教師の能力を高めるには，どんなスキルが必要か？　STETは教師に何を教えるのか？　勇気づけの言葉とは，いかなるものか？　本当に教師は，そうした言葉を使えるのか？
5. 勇気づけとほめはどう違うのか？

第６章　成長促進的な学級コンサルテーション

はじめに

本章では次のことを学ぶ。

- 成長促進的ガイダンスの定義
- 一次予防の原理
- 包括的な成長促進的ガイダンス・プログラム
- 教師訓練の方法
- 有効なリソースをどう見出すか

丸いネジを四角い穴に入れようとするか？　それとも穴の形を変えるか？　生徒には診断，セラピー，個人カウンセリング，グループカウンセリング，特別支援教室が必要かもしれない。検査，カウンセリング，リファーを決めるのは，学校環境の一部である。コンサルタントは社会的状況を変化させることで，こうした学校の内部構造を調整する。コンサルタントは個人のみならずシステムの変化も視野に入れ，全体的な学校環境に関わる。この役割はアメリカ・スクールカウンセラー協会の全米モデル（ASCA, 2012）とも一致する。「リーダーシップ」「アドボカシー」「コラボレーション」と並んで，「システム変化」がテーマとして挙げられている。

本章で取り上げる成長促進的ガイダンスは，診断，カウンセリング，セラピーと併存する。成長促進的ガイダンスは，それらの機能を取り入れる。さらに学校システムにおける，それらの必要性を減少させることが望ましい。いくつかの疑問に答えながら，私たちのアプローチの特徴を説明する。

なぜ生徒は学校に行くのか？　学びを楽しむためである！　素朴すぎる答えであっても，それが私たちの教育システムの目的である。それが生徒にとっての現実的な目標となる。

コンサルタントは生徒の学びを勇気づけ，それを実生活に適用できるよう支援する。全体的な学習環境をアセスメントする。すなわち，何が学習者の能力を促進したり抑制するか？　目標を達成するために，コンサルタントは生徒にとって

重要な大人（教師，親，管理職）と協働する。教師と親は，1日に6〜8時間も生徒に影響を及ぼす。成長促進的アプローチがなければ，コンサルタントは1日に6〜8人の生徒にしか関われない。

　数字で説明すると分かりやすい。1日に5時間，22人のクラスと関わる小学校教師がいたとする。教師は1日に110時間，1週間で550時間，1年で18,150時間の影響をクラスに及ぼす計算になる。教師が1人の生徒をコンサルタントにリファーし，30分の面接を10回行ったとする。影響を与えるのは5時間で，教師が1日に関わる時間と変わらない。これは教師が1年で生徒と会う165日の1日であり，クラス全体では0.000275％に過ぎない。

　それゆえ私たちは，成長促進的アプローチや一次予防を提唱する。

「どんなに立派なアプローチでも，それが最終的な正解とは言い難い。とはいえ，問題ではなく成長を重視し，正常な生物学的・心理学的発達パターンを基盤とした実践が主流になる時代が到来しつつある。臨床心理学や問題中心型アプローチを重視するなら，カウンセリングに益は少ない。」（Muro & Miller, 1983）

一次予防

　前項で述べた「一次予防」は，学校に関わるためのアプローチである。本章では，クラスへの包括的な一次予防アプローチを説明する。成長促進的活動は，一次予防プログラムの一部である。

　メンタルヘルス専門家やコンサルタントが相談室で，問題が来るのを待っているのは有効と言えない。一次予防は，校内の「正常」「正常でない」群の双方に影響を与える，包括的な方法である。

　一次予防の特徴は，次のようである。

・発達上の問題を減少させる
・アドラー心理学と，それに適合した成長促進的な心理学を基盤とする
・生徒の生活における重要な大人（教師，親，管理職）と協働する（Dinkmeyer & Dinkmeyer, 1984）

　医学の歴史にも類似点が見られる。20世紀の医学的な大転換として，予防接種の発展が挙げられる。現代ではポリオ，天然痘，その他の子どもの重大な疾患

は，根絶されたり減少している。医療者はポリオ患者が現れるのを待ち，治療するのではない。むしろポリオの原因を排除・統制することが有効である。スクールカウンセラーも同様の考えを持っているが，そこに至るには長い年月がかかった。

スクールカウンセラーの役割の変遷

1960年代におけるスクールカウンセラーの役割は，現代とかなり異なる。当時のスクールカウンセラーは危機介入的，事後対応的，予防より治療重視で，ガイダンスと無関係な業務を多く抱えていた（Sink & MacDonald, 1998）。だが1970年代より，スクールカウンセラーの役割は予防的・成長促進的な方向に変化した。ASCA（1974, 1984）が出した提言はスクールカウンセラーの役割を，全生徒に大切なライフスキルを教える，成長促進的ガイダンスの専門家としている（Paisley & Hubbard, 1994; Wittmer, 1993）。同時期にGerler（1976）は，カウンセラーの訓練と仕事に関する200本以上の論文をレビューした。1/3の論文が，一次予防サービスの増加に好意的であった。サービスの削減を提唱する論文は，1つもなかった。一次予防サービスの訓練は，コンサルタント教育の一部となる。

Gerlerのレビューから10年が経ち，スクールカウンセラーの予防的・成長促進的役割は変わらず重要とされている。*Elementary School Guidance & Counseling*誌における10年間を回顧して，Wilson（1986）は以下のように述べる。

「この領域の代表的学術誌であるElementary School Guidance & Counseling誌の編集部も，成長促進的アプローチを支持してきた。6年半にわたり本誌の編集委員を務めたDon Dinkmeyerは，成長促進的ガイダンス運動の中心人物である（e.g., Dinkmeyer, 1966, 1971; Dinkmeyer & Caldwell, 1970; Muro & Dinkmeyer, 1977）。成長促進的ガイダンスでは年齢を問わず，危機が起こる前に，自己理解・他者理解の方法，個人的スキルやリソースの活用，状況への責任ある対処法を学ぶことができる」（Wilson, 1986）

それ以降も包括的な成長促進的ガイダンス・プログラムが求められてきた（e.g., Neukrug, Barr, Hoffman, & Kaplan, 1993; Perry, Cecil, Malone, & Robinson, 1989）。専門家はそれに応えるため，包括的な成長促進的ガイダンス・カウンセ

リング・プログラムを重んじる枠組みを考案した。例えばスクールカウンセリング・プログラムの全米基準（Campbell & Dahir, 1997），ミズーリ・モデル（Sink & MacDonald, 1998），ASCA全米モデル（ASCA, 2003）がある。これらのモデルは，ガイダンス・カリキュラムをスクールカウンセラーの役割の中心に置く。

このようにして成長促進的ガイダンスは，スクールカウンセラーの中核的な役割を占めるようになった。例えばASCA全米モデルの第2版は，スクールカウンセラーは高校で15～25%，中学校で25～35%，小学校で35～45%の時間を成長促進的ガイダンスに充てるよう推奨している。

ASCA全米モデルの第3版は，成長促進的ガイダンスを生徒への直接的サービスとして，スクールカウンセリングの中核カリキュラムに位置づけている。中核カリキュラムは教材とグループ活動を含み，「計画され，文章化された指導プログラムで構成される。このプログラムは，包括的な視野，予防的性格，成長促進的意図を持つ（ASCA, 2012）」。現在のASCA（2012）は，スクールカウンセラーが生徒への直接的・間接的なサービスに80%の時間を充てるよう推奨する。そこにはスクールカウンセリングの中核カリキュラムを，教材による指導や班活動で補完することが含まれる。

成長促進的ガイダンスへの批判

成長促進的ガイダンスは30年にわたり推奨されてきたが，批判も皆無ではない。ガイダンス・カウンセラーは成長促進的視点からは機能していないという批判がある。学校の政治的・社会的風土が，成長促進的アプローチを好まないのかもしれない。とはいえ，成長促進的ガイダンスの有効性を裏づけるリサーチは不足している。

成長促進的ガイダンス・プログラムのインパクトに関するリサーチは，結果が一定していない。Wilson（1986）は*Elementary School Guidance & Counseling*誌に1973年10月から1984年4月に掲載された論文をレビューした。成長促進的アプローチが117本（35.2%），治療的アプローチが129本（38.9%），分類不能が86本（25.9%）であった。

「とはいえ成長促進的方法の有効性について，統計的有意性を伴うエビデンスがある論文は，約1割（11.1%）しかなかった。さらにエビデンスを伴う成長促

進志向の論文は，減少傾向にある」(Wilson, 1986)

　WhistonとSexton (1998) は，包括的な成長促進的スクールカウンセリング・プログラムの構成要素を調べた。それによると，学級ガイダンスを実施している研究は1/4を下回っていた。さらに，学級ガイダンスの有効性は部分的にしか支持されていないという。とはいえ，その後の研究により，ガイダンス・カリキュラムが生徒の発達に肯定的影響を及ぼすことを示す結果も報告されている (e.g., Brigman & Campbell, 2003; Sears, 2005; Sink & Stroh, 2003)。

　成長促進的カウンセリングの文献は，私たちに見通しを与えてくれる。コンサルタントにとって，この歴史は興味深く示唆的である。一次予防やメンタルヘルスは，クラスでコンサルタントを務めるカウンセラーやメンタルヘルス専門家によって促進されると私たちは考える。それゆえ一次予防や成長が生じる場である，クラスを検討する必要がある。こうした考えは，数十年にわたり提唱されてきた (e.g., Akin-Little, Little, & Delligatti, 2004)。

一次予防的介入：RTIとPBIS

　スクールカウンセラーは多くのケースを抱え，増大する社会的要請を受けながら，全生徒のニーズにどう答えられるかを模索する必要がある (Sink, 2011)。スクールカウンセラーは学校ぐるみの取り組みについて，教師・管理職・親にコンサルテーションを行い，一次予防やエビデンスに基づく実践を支援する。そうした取り組みには，RTIやPBISがある。

RTI (Response to Intervention)

　RTI (教育的介入への反応) モデルは，障害者教育改善法 (IDEIA) の制定により生まれた。教師は，さまざまな学習ニーズを持つ生徒に合わせた支援方法を検討できる。生徒のニーズに合わせた3つの支援段階に沿って，エビデンスに基づく介入が計画・実行される。

PBIS (Positive Behavioral Interventions and Supports)

　PBIS (ポジティブな行動介入と支援) はPBS, SWPBIS, SWPBSとも呼ばれ，RTIに行動的要素を提供する (Gruman & Hoelzen, 2011)。PBISはデータに基づく決定により，生徒の学業と行動面のアウトカムを高めようとする。それによ

り持続可能な，エビデンスに基づく介入を行う（Sugai & Simonsen, 2012）。PBIS は，生徒の群に対して3段階の支援が同時に行われる。McIntosh ら（2009）によると，80～85％の生徒のニーズは普遍的な段階1の介入で充足できる。さらなる支援を求める生徒（10～15％程度）には，より対象を絞った段階2の介入を行う。段階3の集中的・個別的介入は，2つの介入で反応が乏しい生徒（3～5％程度）に実施する。

　こうした学校ぐるみの，エビデンスに基づく予防的介入は，一貫した期待を伝え，強化し，行動の結末を活用する（Sugai et al., 2000）。行動理論とシステム理論に依拠する PBIS は，全米で校内の多様な生徒に適用され，効果を示してきた（Sugai & Simonsen, 2012）。

　RTI や PBIS を用いたコンサルテーションを行うために，コンサルタントはこうした方法を理解しておく必要がある。とはいえ，これらの形態には，学区ごとの違いがある。コンサルタントは学校やクラスで大きな変化を生み出すために，特定の RTI や PBIS を詳しく学ぶべきである。

クラスとは何か？

　同調を求められるクラスでは，生徒の創造性は失われる。質の高い教育では，全米共通テストの得点が唯一の目標ではない。クラスにおいて，コンサルタントはきわめて豊かなリソースを持ち，大きな貢献ができる。

　生徒の心理的構えが整えば，学習は促進される。クラス風土に焦点を当てれば，学びの質が高まる。こうしてコンサルタントは学びの風土を創ることができる。

　私たちがクラスに入ると，20人以上の生徒と出会うことになる。教師が各々の生徒と関われるように，どうコンサルタントは支援できるか？

　生徒たちをグループとして認識するとよい。グループ・ダイナミクスを活用すれば，生徒間および生徒と大人の相互作用が理解できる。それによりコンサルタントは，生徒が協力を学ぶのを支援できる。各々が自分なりにグループの発展に貢献するのを，生徒は互いに尊重できるようになる。

　教師にとってもグループ・アプローチは有益である。彼らは，自分と他の教師の類似性に気づくようになる。コンサルタントは，教師が生徒の自尊感情，社会・学業・感情面の欲求を高めるのを支援する。それは次のような風土で行われる。

・教師−生徒間の相互尊敬と相互信頼
・教師−生徒間の共通目標の設定
・生徒のグループへの所属感
・生徒の安全が守られる環境
・他者評価だけでなく，自己評価も重視する
・個人差を尊重する風土
・依存から自立への成長を重視する

　これらはあくまで代表的なものである。それによりコンサルタントは，クラスに有効な学習風土を創り出せる。これらは，グループにおける個人の心理的特徴（生徒の目標に向かう運動）を反映している。成長促進的ガイダンスの目標は，自己理解と他者理解である。DinkmeyerとDinkmeyer（1982）は，それを簡潔にまとめている。

　「自己理解と他者理解の促進は，教育の中核となる。それは不可欠な能力だが，小学校のカリキュラムでは軽視されてきた。子どもは思考し，行動し，感じる存在である。彼らの思考と行動には，感情が伴う。彼らはある教科を好み，あるメディアに興味を持ち，学習ドリルを嫌い，ある教師に腹を立て，ある活動に没頭するかもしれない。学びに付随する感情は，その効果に大きな影響を与える。もし肯定的感情を持てれば，動機づけと関与度は高まり，子どもは取り組みから永続的に益を得るだろう。その逆も然りである」（p.6）

　私たちは生徒や学習に関する誤った思い込みが，潜在能力の発揮を妨げている現状を指摘した。また，学習と人間行動の歴史を振り返った。とはいえ学習と人間行動の思想と理論は，クラスでの学習をシステマティックに編成できてこそ意義がある。
　学校の再編成で大切なのは，現行の教育システムがいかに非人間的かを理解することである。こうした非人間化は，多くの領域で見出せる。例えば管理職・指導主事と教師のコミュニケーションは連絡文書，報告書，計画書，目標に限定されるようになった。
　管理職と教職員のやりとりを最小限にする傾向は，教育委員会と教職員の対立となって現れている。教育委員会は教職員を数字，地位，給与の面ばかりで見て

いる。

　成績，権威主義，内容に価値を置くシステムは責任，自立，関与，学習へのポジティブな態度を重んじるシステムと相容れない。私たちのアプローチの目標は，各々の生徒の潜在能力を引き出し，自立した個人として接する教師を養成することである。

　教師はクラスをまとめ，個人とクラス全体の発達を促進する。そうではない教師の関わりは，人間性が育たない非人間的なシステムをもたらす。

人間性を阻害する要因

　成長を阻害する3つの要因がある。それは「目標設定の欠如」「不適切な評価」「コンテキストの欠如」である。

　共同で目標設定を行うことが望ましい。各校の生徒手帳に書かれた目標は，教師が立てた計画と異なることが多い。建前上の目標は，実際のクラス活動と違う。生徒の教育目標を立てる際に，教師の目標を組み入れる必要がある。教師は専門職としてカリキュラム，生徒，校務，クラス運営，検査，評価について研鑽を積む。それゆえ教師は，相互尊敬を伴って扱われるべきである。

　このアプローチは教育改革ブームに呼応した近年の風潮と，生徒や成績への「適切な評価」の部分で相容れない。学校での成功を「適切に評価する」方法が問題になる。つまり近年は，教育目標は学力検査だけで評価できると言わんばかりに，認知機能や認知発達に焦点を当てる。もし生徒が一定のレベルで読み，書き，算数ができれば，成功の基準を達成したことになる。とはいえその生徒は，本当に有効に機能する人間と言えるのか？　教育の思想，目標，方法は認知的側面だけに収まらない。

　教育は，情報の集積を超えたものである。そうした学びは，次のようなコンテキストで起こる。

- 生徒
- 仲間
- 教師
- 自己と他者に関する生徒のビリーフ

　学びの感情的コンテキストを軽視すると，ネガティブな教室体験が生まれる。

算数授業での失敗を例に説明する。

　間違いを許さない雰囲気で算数（または他教科）を教えられ，全員で同じページに取り組むなら，生徒は算数が嫌いになる。「私は算数が苦手だけど，それが人間としての私にどう関係するの？　私は自分のことをどう思っているの？」

　自分は学ぶことができるという感情が，概念の理解に影響を与える。誰もが失敗することで，その教科での自分の能力に関わる感情に影響を受けてきた。不快感情が他教科にも広がり，学校体験を「失敗」と見なすようになる生徒もいる。

　学びのコンテキストを理解・活用できないと，コンサルテーションの妨げとなる。もう１つの学びのコンテキストとして，グループの理解がある。

グループの理解

　生徒はクラスというグループの一員である。行動の社会的意味やコンテキストが重要である。生徒の行動は座席表，言語的指示などの技法でコントロールできると教師が考えるなら，生徒が所属するグループのコンテキストは無視されてしまう。

　グループの相互作用には，4つの原理がある。

1. **生徒は社会的存在である**。生徒はクラブに入ったり，友人をつくったり，仲間集団の一員になりたがる。ひどく勇気をくじかれていない限り，グループを離れたがらない。生徒は少なくとも3つのグループに入る。それは家族，クラス，友人である。どのグループに入るかに関わらず，社会的相互作用は人間の行動に備わっている。人間には所属欲求がある。
2. **行動には社会的意味と目的がある**。生徒の行動は，グループに自分の居場所を見出そうとする努力を反映する。こうした場所を見つけるのは容易ではない。行動（および不適切な行動）の社会的意味と目的（目標）は，コンサルタントに理解できなくてもよい。例えば，ケイトはいつも隣の子に話しかけていた。だが教師が静かにするように注意すると，行動を止めた。その行動の目的は何か？　ケイトは皆の関心を引こうとしていたのか？　不適切な行動の目標というシンプルな技法により，教師は行動を「理解」できる。生徒の目標は，クラスというグループに自分がどう所属しているかというビリーフを表現する。教師は目標を理解できなくてよいし，生徒自身が目標に気づいていなくてもよい。

3. **ライフスタイルは行動で表現される**。生徒の人生目標は，行動を通して表現される。もし生徒が，宿題をこなす能力はあるのに，ある教科の宿題をしていないとすると，生徒はどんな目標を追求しているだろうか？ 外的理由に着目すれば，それらしい要因が見出せよう。例えば，栄養の偏り，家庭で気が散るため，個人的葛藤などである。内的理由すなわち個人が選択した，ライフスタイルを表現する行動に注目すると，さらに有用である。生徒は「選択」を表現する。例えば本人の能力と関係なく，宿題をすることも，全くしないことも，どの領域でそうかなのかも，1つの選択である。ある教科で困難に出会うと，その生徒は諦めてしまうかもしれない。生徒の視点に立てば，その理由を理解できる。それは自己に関するビリーフというコンテキストに一致する。「その人が何を言うかではなく，何をするかを見よ」という，万人に適用できるシンプルな法則がある。「運動だけを信頼せよ」とも言われる。

　行為と言葉ついて，次の例を考えてみよう。

・ある教師はあなたの提案を，「興味深いですね」と言ってくれた。「クラスで取り入れたい」とのことだったが，「その時間がなかった」と翌週に言われた
・「今度ランチに行こう」と友人に言われた。でも電話は来なかった
・「あなたが計画を立てるには，もっと時間が必要だ」と，その管理職は認めてくれた。だが相変わらず，時間的に無理な仕事を振ってくる

　上記の例では，言葉と行為に不一致が見られる。行動は有用かつ正確に，本人の意図を示している。

4. **社会的関心の促進が不可欠である**。社会的関心とは，グループの共通利益のために，すすんで協力する気持ちである。もしダナがクラスの雑用（例：ペットの餌やり，黒板消し）を引き受けたがるなら，社会的関心を表現している。ケンカ，反抗，引きこもり，その他の無益な行動にかまけて，クラスに協力しない生徒もいる。教師は彼らをカウンセラーにリファーしたり，教室から出そうとする。そうした行動は，自己の居場所に関する彼らの誤ったビリーフを強化するだけである。

生徒は何があろうと，たとえそこが校長室であっても，グループに所属しよう

とする。本章の後半に，グループの協力を促進し，勇気をくじかれた生徒の社会的関心を高める方法を述べる。

グループ・ダイナミクス

　グループ・ダイナミクスはグループの本質，グループの発達，個人間・グループ間・部門間の関係性と結びついている。コンサルタントは，グループ・ダイナミクスを念頭に活動すべきである。たまたまそうするのではなく，それは学校におけるコンサルタントの中心的な役割・機能である。

　個人とグループは分かち難く結びついていることを，コンサルタントは意識する。グループと個人のパーソナリティが混ざり合うことで，人々はこうした（個人とグループの）関係性に気づき，互いに受け入れられる目標を追求するようになる。グループに変化を起こすことは，いくつもの視点で理解できる。学校に変化を起こすために，私たちは以下の10のポイントを挙げる。

1. **凝集性**：変化を起こそうとする側と変化を受ける側は，同じグループへの強い所属感を持つ必要がある。互いに関与することで，相互依存の感覚が高められる。
2. **魅力度**：グループがメンバーにとって魅力的になるほど，影響力も増加する。そのため教育現場でどんなグループを行うかを選択し，工夫してその魅力度を高めることが重要である。有力者や魅力ある人物にメンバーになってもらうことが，よく行われる。ミーティングの時間と場所，管理職からの強力な支援によっても魅力度は高まる。多くのコンサルタントや教師にとって，グループやクラスを選択するのは難しい。したがって，「このグループの魅力度を高めるために，私に何ができるだろう？」と自問することになる。
3. **価値観と態度**：変化を起こすには，価値観と態度がグループの魅力度の基盤だと理解する必要がある。互いの共通部分が，変化の促進剤として使われる。グループが影響力を持つのは，メンバー性の基盤に関わる態度についてである。
4. **メンバーの名声**：メンバーへの世間的な評価が高くなるほど，グループの影響力は増す。コンサルタントはメンバーの「名声」をアセスメントに組み入れる。
5. **集団規範**：個人やグループを集団規範から引き離そうとすると，抵抗に出

会う。どんな方法で変化を起こすにせよ，集団規範への同調圧力を考慮すべきである。
6．**変化する必要性の認識**：変化への圧力がグループ内部に存在するなら，メンバーは変化が必要という認識を共有している。目的意識を持ち，個人とグループの目標に向けて何をすべきかを理解している。
7．**コミュニケーション**：グループを変化させるには，コミュニケーションのチャンネルを開く必要がある。変化の影響を受ける全員が，変化の必要性，変化の計画，変化の結果について情報提供される。
8．**変化と緊張**：グループのある部分を変化させると，別の部分に緊張が生まれる。この緊張を除去するには，変化を諦めるか，その部分を再調整するしかない。仲良しグループや仲たがいなど，下部構造の変化がグループ全体の緊張を高めることが多い。
9．**目標**：グループで大きな力を持つのが，目標，望み，リーダーシップ，予測，態度，凝集性などである。グループが意義を持つには，目標が不可欠である。目標が明確化されないと，グループは非生産的なものとなる。
10．**望み**：望みのレベルが高まるほどに，パフォーマンスも向上する。成功を求めるグループに，望みは不可欠である。それが個人の満足と，グループのパフォーマンスの双方をもたらす。そのためグループの目標を無理なく高めれば，パフォーマンスも付随して高まる。

治療的作用

　成長促進的なクラスで治療作用を論じるのは，変だと思うかもしれない。こうした作用により成長，協力，理解の風土が「必要」だと納得できる。これらは，クラスの幸福に貢献するという意味で「治療的」である。時間をかけてこうした特性を育てれば，グループはさまざまな利益を生み出すようになる。
　表6.1には健全なグループ（例：クラス，教師，親）を育てるために重要な，10の治療作用を示した。次に，各々の治療作用の要点を述べる。

受容

　受容と相互尊敬のスキルは，援助的なクラスの土台となる。教師やコンサルタントが反映的傾聴を教えれば，受容が促進される。この方法が低学年向きかは分からないが，生徒は私たちが思う以上に他者の話を傾聴し，応答できる。

表6.1 グループの治療作用 (Dinkmeyer, McKay, & Dinkmeyer, 2000)

治療作用	目的	例
受容	生徒間の相互尊敬と共感を育てる	君はジョシュアの気持ちが気になっているんだね
感情発散	反映的な言葉を用いて，感情表現を認識・促進する	このアイデアについて，君はとても怒っているようだね
観客としての学び	生徒が同じような悩みを話し合うのを聴くことで，他の生徒が悩みへの理解を深められるようにする	この話し合いは，ジムのきょうだいについての悩みにどう役立つかな？
フィードバック	他者が自分の行動をどう見ているか，勇気づけ的な私メッセージを用いて生徒に伝える	カルロスにいじめられたら，君がどう感じているかを教えてやろう
普遍化	悩んでいるのは自分だけでない。多くの生徒も同じような問題を抱えていると，生徒が気づけるようにする	他にも同じことを思った人はいるかな？
現実検討	生徒が新しい行動を試行するのを支援する	この問題をロールプレイして，新しい対処法を考えてみよう
愛他性	生徒が競争するのではなく，助け合うよう勇気づける	ベスが算数の問題でリッキーを手伝ってあげたのは，本当に嬉しく思うよ
相互作用	生徒のソーシャルスキルを育て，勇気づけ的なクラス風土を創る	メグ，休み時間に一緒に遊んでどうだったかを，ジョイスに話してあげたら？
勇気づけ	生徒の勇気と社会的関心を促進する。生徒が問題解決に自信を持てるよう支援する	君の勉強する習慣は，プロジェクトの役に立つと思うよ
凝集性	生徒がグループに所属できるようにする	私たちは本当に協力し合っているね

　年齢的にまだ難しいなら，まず感情を表現する言葉の語彙を増やすとよい。生徒は同年齢の子ども以上に，「腹が立つ」「嬉しい」「悲しい」「ひどい」など，感情を示す言葉で自分を表現する課題に取り組む。
　相互尊敬は，次の活動により促進される。

1. 生徒は相手を選び，興味，きょうだい，趣味などを話し合うことで，もっと知ろうとする。次に生徒は，クラス全体に向けて相手を紹介する。年齢的に他己紹介が難しければ，教師が毎週，1人の生徒を紹介する。多くの生徒は，注目を浴びるのを楽しむ。また，仲間との類似点や相違点を理解できるようになる。

2．自分の長所について話し合うとともに，仲間の長所を見つける。
3．生徒が互いの気持ちに敏感になっているとき，それを指摘することで共感性を促進する。また大人が共感のモデルを示すことで，そうした行動や態度を高められる。

感情発散

たとえ許されていなくても，生徒はクラスで感情を表現する。民主的で有効なクラスでは，生徒は気軽に感情を共有する。それは次の点により促進される。

1．感情を表す言葉の語彙を増やす。
2．私メッセージを用いて，適切に感情を表現する。
3．生徒が表現していない感情に気づき，出せる機会をつくる。
4．感情を共有するための話し合いを行う。

クラスでは日々，さまざまな感情が経験される。「受容」「感情発散」の目的は，こうした感情を表現できるようにすることである。

観客としての学び

生徒は互いの悩みから学ぶことができる。問題を話し合うことで，同じような悩みを持つ生徒が「観客」として学べる意義がある。取り上げる問題として，テスト不安，仕事への幻滅，将来への不安，拒絶への対処，友達のつくり方，問題解決の方法などがある。

フィードバック

フィードバックの目的は，グループで自分がどう見られているかを，生徒が認識できるようにすることである。適切なフィードバックにより，自己への気づきが高められる。フィードバックは責任追及，非難，変化の要請とは異なる。本人が他者からどう受け止められているかを伝えるだけである。

例えば，ある生徒がクラスの話し合いで，絶え間なく横やりを入れていた。すると仲間や教師から，「君が話し合いを独占すると，困ってしまうんだ。みんな（私）が何も言えなくなってしまうから」とフィードバックが入る。このフィードバックは変化に言及していないが，変化は不満足という基盤から生じる。

フィードバックは，メンタルヘルス専門家にお馴染みの用語である。誤解さ

れ，濫用されてもいる。私たちはフィードバックを批判ではなく，変化を勇気づける感情表現と見なす。

普遍化

　良いグループ（クラス）であるためには，生徒が互いの類似性をよく理解することが大切である。普遍化は，生徒が互いの類似性に気づけるようにするワークである。次のように行われる。

1. 「～という経験をした人はいるかな？」と尋ねる。
2. 「同じような経験をした人はいるかな？」と尋ねる。
3. 生徒の心に響きそうなトピックを話し合う。これは「観客としての学び」と似ており，トピックは「普遍化」を促進する。

現実検討

　新しい対人関係の持ち方を試す機会が，「現実検討」である。抽象的に思えるかもしれないが，私たちは新しく何かを行うとき，必ず「現実検討」を行う。

　リーダーが新しい物事に取り組むモデルを示すことで，現実検討が促進される。低学年の生徒には，スモールステップでちょっとした行動から勇気づける。高学年には，「不完全である勇気」のモデルを示すとよい。ロールプレイも優れた方法である。

愛他性

　「愛他性」とは，競争よりも協力を勇気づけることである。学校に競争は必要だが，過度に強調され，ネガティブな結果を招いている。愛他性は「助け合いの方法を見出すこと」でもある。生徒が助け合う機会をつくることで，愛他性を育てられる。バディ・システムのようなシンプルな方法がよい。

相互作用

　礼儀正しく，協力的な相互作用を常に望んでいる教師がいる。教師間，教師－生徒間，生徒間の相互作用は，どれも礼儀正しくあるべきである。教師の監督を受けずに協働する機会を設けたりして，生徒間のポジティブな相互作用を勇気づけるとよい。

勇気づけ

おそらく最も重要なグループの治療作用が,「勇気づけ」である。長所や強みへの注目,社会的関心の育成,楽観的態度の促進は,どれも勇気づけである。

凝集性

凝集性は,グループ・ダイナミクスで大きな役割を果たす。凝集性の高いグループは,形成期と維持期のどちらでも変化を生じる。凝集性が高いとグループは発展する。グループは目標に向けて運動し,メンバーは勇気づけられる。

グループにおける 10 の治療作用とは,クラスでのポジティブな行動を勇気づける力と言える。クラスのピア・プレッシャーを理解しつつ,グループの治療作用を活用すべきである。その有用性を,以下に整理する。

・自由と責任という指針のもと,グループの凝集性は育つ
・メンバーは目標設定,意思決定,変化に協力する
・生徒はできるだけ競争を減らし,協力を重んじる
・生徒は仲間,教師,その他の大人と,オープンかつ誠実に話をする
・相互尊敬と相互信頼の風土ができる
・勇気づけが主な動機づけとなる

クラスでのリーダーシップ・スタイル

グループでのリーダーシップについて,「民主的」「専制的」「放任的」という 3 つの類型が役立つ。民主的が望ましく,あと 2 つは望ましくないが蔓延している。表 6.2 は各リーダーシップの特徴を示した。

リーダーシップ・スタイルは,クラスの風土にそのまま影響を与える。コンサルタントはその概念を用いて,教師(コンサルティ)がクラスにおける自分の役割を検討できるよう支援する。例えばフィードバックの意義を感じているが,放任的な雰囲気を持つ教師(コンサルティ)がいる。そうした態度は生徒に誤解されやすい。脅し文句や悪口などの不適切な言動に使われかねないと,コンサルティは理解できよう。

第6章 成長促進的な学級コンサルテーション

表6.2 リーダーシップ・スタイルとクラスの雰囲気（Dinkmeyer, McKay, & Dinkmeyer, 2000）

民主的	専制的	放任的
相互信頼と相互尊敬	報酬と罰によるコントロール，尊敬の強要	生徒は他者に配慮せず，したいことをする
可能な限り選択肢が与えられる	強要と支配	無秩序
勇気づけで動機づけを高める，ポジティブなものへの同一化	弱さと失敗への注目	どんな行動も許容する
制限の中の自由	自由を伴わない制限	無制限の自由
働く自由と働く責任のバランス	依存するか反抗するか	混乱
内発的動機づけ	外発的動機づけと罰	動機づけは予測できない
教師と生徒が協働して目標を設定する	優れた結果を出すことを目的とする活動	活動が生徒を成長させることもあるが，そうならないことも
協力，責任の分担	競争	他者の権利を顧みず，自己の権利を追求
しつけを教育と考える，自律を勇気づける	しつけを外的コントロールと考える	しつけを考えない
目標は協働して設定される	教師が目標を設定する	ポジティブな目標はない
アイデアや貢献を求める	教師が全ての物事を決定する	公式の決定には至らない

クラス運営の方法

　クラス運営がうまくできない教師が，コンサルテーションを求める場合がある。教師に有効なクラス運営法を教えるのは，スクールカウンセラーの適正な業務である（ASCA, 2012）。そのためスクールカウンセラーには，クラス運営に関する知識と，教授する能力が求められる（ASCA, 2012）。とはいえ，教育経験のないスクールカウンセラーにクラスが運営できるのか，疑問を抱く教師もいよう。コンサルタントにとっては，教育経験の有無に関わらず，有効なクラス運営のスキルを学習，実践，模倣することが大切である。

　コンサルタントは教師とともにクラスで生じている問題をアセスメントし，改善のための方法を検討できる。例えば教師は，クラスでもっと自身の非言語的コミュニケーションを意識したり，多文化的な感覚を持つ必要があろう。クラス経営の方法については，（評価的でない）安全な雰囲気のもと，外部からの観察と

フィードバックを受けることが有用である。

クラス運営に役立つグループ・スキル

　クラス運営の方法には，しつけも含まれる。それは妨害行動を止めさせたり，許容範囲に留めるといった，単なる管理以上のものである。教師が行動の目的やグループ・スキルを知らなければ，こうした方法は失敗に終わる。それはひどいポップコーンの作り方を連想させる。ただフタを開け，紙袋を抱えて傍観しているような！

　コンサルタントは，リーダーシップ・スキルを教える。教師は教育グループでこうしたスキルを学び，クラスで実践する。それをグループに報告し，支援を受ける。表6.3に12のリーダーシップ・スキルを示した。コンサルタントが教師グループを行う場合にも，こうしたスキルを活用できる。

構造化

　構造化は，最も重要なグループ・スキルである。リーダーは話し合いや活動の指針を定め，誤解をなくし，ミーティングの目的を伝える。

　「本棚へのダメージについて話し合おう。何かする必要があるよ。最初に話したい人はいますか？（クラスでの例）」

　「このグループの目的は，教室で使える新しいアイデアを学び，実践したり，仲間の教師から支援を受けることです（教師グループの例）」

　構造化は，当たり前のことを言っていると思われやすい。その通りである！話し合いの目的を伝えないと，達成するのも難しい。ミーティング，クラス活動などで，構造化の言葉は必ず利益を伴う。

普遍化

　普遍化において，自分だけの悩みでないと生徒が理解することが支援につながる。そのトピックを他者も感じたり経験していると察したリーダーは，「他にも同じような気持ちになった人はいるかな？」などと言葉にする。教師グループでは，普遍化は単発的な発言というよりプロセスである。教師が悩みや困難を共有する機会をつくることで，普遍化は促進される。

表6.3 リーダーシップ・スキル (Dinkmeyer, McKay, & Dinkmeyer, 2000)

スキル	目的	例
構造化	話し合いの目的と制限を設定する	「グループで今,何が起きているのかな?」「これは私たちが目標達成するために,どう役立つかな?」
普遍化	自分だけで悩んでいるのではないと,生徒が理解できるようにする	「他にもそう感じた人はいるかな?」
つながり	生徒の発言や感情を取り上げ,つながりを作る	「弟が遅刻したので,ビルは怒っているね。これはジョアンとサムが妹について思ったことと似ていないかな?」
再方向づけ	全生徒に話し合いへの参加を促す。教師は専制的役割から離れる。	「それについて,他の人はどう思う?」「ピーターのアイデアをどう思う?」
目標開示	生徒が不適切な行動の目的に気づけるよう支援する	「君は私たちに注目してほしいのかな?」「私たちの思い通りにはならないと,君は見せつけたいのかな?」
ブレインストーミング	評価・批判・最終決定を受けず,アイデアを交換できる	「スタンリーについて,皆が知っている長所を挙げてみよう」
ブロッキング	破壊的なコミュニケーションに介入する	「君の気持ちを説明してくれないかな?」「君がそう言ったとき,スタンリーはどう感じただろう?」
整理	何を話し合ったのかを明確化する	「話し合いから何を学びましたか?」「この状況について,私たちは何をしようと決めましたか?」
タスク設定とコミットメント	生徒の具体的行動へのコミットメントを育てる	「この問題について,君は何をしますか?」「今週は何をしますか?」
フィードバックの促進	他者にどう見られているか,生徒が理解できるようにする	「君がずっと話しているので,腹が立っているんだ。誰も話ができないからね。他の人はどう思う?」
直接的対話の促進	生徒同士で話し合ってもらう	「ジョアンの話を聴いてどう思ったか,彼女に話してもらえるかな?」
勇気づけの促進	生徒が自尊感情や自信を高め合えるようにする	「助けてくれてありがとう」「ジャミーが進歩したことに気づいた人はいるかな?」

つながり

　コンサルタントが共通点を指摘することで，つながりが生じる。例えば，「ＡさんとＢさんはＸが共通しているね」という言葉は，Ｘという概念のもとで２人をつなごうとしている。教師グループで「Ｘ」となりやすい悩みは，本章の初めに記した無益なビリーフである。例えば「生徒は常に協力すべきだ」「生徒は完璧であるべきだ」「生徒は間違ってはならない」と思い込んで，悩む教師が多い。

再方向づけ

　コンサルタントが電話交換手になるのではなく，教師同士で直に話してもらうと，再方向づけが生じる。ある教師が別の教師に向けるコメントは，自分にも向けられている。

目標開示

　グループで行動のエピソードを取り上げるとき，目標開示を行う。どのエピソードについても，不適切な行動の目標を推量しようとする。

ブレインストーミング

　解決策の探求において，全てのアイデアを評価したり否定せず，受け入れることである。これは新しい方法を検討する場合，特に有用である。

ブロッキング

　破壊的なコミュニケーションに介入するために，ブロッキングは重要である。ブロッキングはコンサルタントだけが担うわけでない。とはいえ構造化，ルール，モデリングを通して，そうした流れをつくる必要がある。

整理

　整理はいつでも行えるが，グループで何が起きているかをメンバーが学びたがっている場合，特に有用である。このスキルにより，メンバーは自分にとって重要なものを共有できる。メンバーにとって何が重要か，リーダーも知ることができる。「私が学んだのは……」など，文章の空欄を埋めるように，整理は開始される。整理では，各メンバーに同じ程度の時間を割くことができる。

タスク設定とコミットメント

　話し合いやアイデアを具体的行動に移すことである。例えばある生徒が，「この教科で，もっと向上したい」と言った。この目標は曖昧で一般的である。タスク設定は，その教科で「向上」を達成するには何が必要か検討することである。クラス全体のタスク設定を支援することもできる。

　教師にも同じような傾向があり，良い意図を持っていても，それを具現する方法があるとは限らない。その場合，コンサルタントの役割は具体的に何を変えたいかを，教師が気づくようにすることである。「もっと良くなりたい」「もっとクラスが助け合ってほしい」などは一般的な目標であり，タスク設定とコミットメントを通して具体的になる。

　コミットメントには，具体的な行動と期限の設定が必要である。「もう同じ失敗はしません」「それを試してみます」のような言い方には気をつける。ほとんどのコンサルテーションでは，コミットメントについて次回の面接でフォローアップを行う。それにより，両者は目標達成に向けて邁進できる。

フィードバックの促進

　自分がグループにどう認識されているかを検討することである。グループにおけるフィードバックの治療作用につながる。

直接的対話の促進

　生徒同士で話し合いをしてもらう。教師を介さず，生徒が各々の違いを検討できる。

勇気づけの促進

　教師が持っているポジティブで建設的な性質を見出し，伝えることである。教師の長所や能力を見抜くのが，コンサルタントの力量である。それに基づき，教師が代替案を検討できるよう支援する。

　グループの治療作用やリーダーシップ・スキルを知るだけでは，良きリーダーや教師になれない。それらを念頭に置いてグループに関わることで，良きリーダーになれるだろう。

まとめ

　コンサルテーションには教師の関与が不可欠である。変化を起こすには，教師の典型的で妨害的なビリーフを理解することが有用である。支援対象がグループか個人かに関わらず，それをもとにコンサルタントは教師にどう関わるかを判断する。グループを用いれば，いくつかの治療作用が働く。リーダーシップ・スキルは，建設的な問題解決や教育経験をもたらしてくれる。

振り返りの質問

1. ガイダンスとは何か？コンサルタントはどうガイダンスを活用するか？
2. 一次予防とは何か？コンサルタントにとって，一次予防はどんな意味を持つか？
3. グループの原理を2つ挙げなさい。
4. グループの治療作用を2つ挙げなさい。
5. リーダーシップ・スキルを2つ挙げなさい。
6. サービスの提供において，なぜコンサルタントはグループを用いるのか？

第7章　平和的，マインドフル，ポジティブな
アドレリアン・クラスルーム

はじめに

本章では以下のことを学ぶ。

・クラスにおける社会的情動学習（Social Emotional Learning; SEL）の重要性を理解する
・生徒への支援に際して，SELスキルを習得することの重要性を理解する
・アドレリアン・クラスルームの中核的要素を明確化する
・Goleman and Sengeによる「3つのフォーカス」およびSELとの共通性を理解する

　子どもの生活には，精神的に健康な大人の存在が不可欠だとAlfred Adlerは理解していた。1920年代のウイーンで児童相談クリニックを開設した彼は，安全，ポジティブ，平和的な風土を創ることで，子どもは学習に全力で打ち込めると考えた。現在もアドラー心理学は，教師は学校の心理的風土に肯定的影響を与えると考える。
　アドレリアンのRudolf Dreikurs（1968）は，教師が心理学を活用してクラス環境を向上させる方法を述べた。彼の著書『クラスの心理学』（Dreikurs, 1968）（未邦訳），『子どものやる気』（Dinkmeyer & Dreikurs, 2000）『クラスの正気を保つ』（Dreikurs, Grunwald, & Pepper, 1998）（未邦訳）では，子どもが社会的・情動的スキルを育むのを，教師が優しくも毅然とした方法で，どう支援できるかを示している。Dreikursの弟子であるDon Dinkmeyerは，教師がこうしたスキルを習得していないと，教えることはできないとした。彼は1980年，Gary McKayと協働してSTET（Systematic Training for Effective Teaching）を開発した。このプログラムは教師の能力を高め，教育・学習の全領域で不可欠な人間関係スキルを習得できるよう支援するものである。
　教師は変化をもたらすツールとして自分自身を使う（Combs, 1969）。残念ながら教師のメンタルヘルス水準によって，変化はポジティブにもネガティブにも

なりうる。ポジティブであれネガティブであれ，教師の情動はクラスに伝染する。近年のリサーチによると，1人の僧が部屋で深い瞑想をすると，同じ部屋にいた人々もポジティブな影響を受けていた（Goleman, 2003）。教師が瞑想とポジティブな在り方を身につければ，クラスで生まれる学習に大きな影響をもたらす。本章では，意味深い学習が生じるマインドフル・クラスルームを創り出すために必要な SEL を述べる。教師に必要なスキルと，理念の転換をもたらすための方略を説明する。

本書の重要な前提は，コンサルタント（カウンセラー，その他のメンタルヘルス専門家）が学校の心理的風土づくりに責任を負うことである。そのために教師が瞑想やリラクゼーション，マインドフルネスやフォーカシング，勇気づけやポジティブ心理学，セルフ・マネジメントやセルフコントロール，コミュニケーションや動機づけ，リーダーシップやクラス運営などのスキルを習得できるよう支援する必要がある。残念ながら，こうした生活に役立つスキルは，教師教育プログラムで取り上げられていない。教師がこれらのスキルを習得すれば，生徒ともっとうまく関わり，彼らに SEL スキルを教えられる。もし Alfred Adler が現代に生きていたら，テクノロジーが発達した世界を生き抜く方法として，SEL スキルを支持したであろう。

3つのフォーカス

Dan Goleman と Peter Senge（2014）の共著『3つのフォーカス』（未邦訳）では，教育への新たなアプローチを述べている。そこでは困難な世界を生き抜くために必要な，3つのスキル（内的，外的，その他）を提示している。これらは世界中の学校で教えられるべきスキルである。前述のように，カウンセラーやメンタルヘルス専門家は，学校の心理的風土に責任があり，教師がこうしたスキルを習得できるようにする必要がある。教師が内的，外的，その他のスキルを持っていないと，それらを生徒に提供できない。持っていなければ，教えられない。

第1のスキルは，内的フォーカスまたは自己へのフォーカスである。これは私たちの内界にフォーカスし，目的意識や深い願望とつながろうとする。なぜ私たちがそう感じるのか，その感情に対して何ができるかを本質的に理解することである。目的ある人生を送るために，こうした内的フォーカスへの気づきは必要である。これは目前のタスクへの集中力を保ち，気が散るのを防ぎ，妨害的な情動をやり過ごすスキルである。

第2のスキルまたはフォーカスは,他者に波長を合わせることである。これは共感スキルとして知られる。他者の経験する現実を理解し,自分ではなく,相手の視点に立って関わることである。共感はケアリングや協働する力へと導く。共感は,有効で堅固な関係をつくる鍵である。

第3のスキルまたはフォーカスは,外的フォーカスである。これはより大きな世界を知り,複数のシステムが相互作用し,相互依存の網目を形成する様相を理解することである。こうしたシステムには,家族,組織,世界が含まれる。これはシステム思考と呼ばれ,カップルセラピーや家族療法の核となる。Adlerは人々が共同体感覚を持ち,民主的に共生できるように支援する際,こうした思考を重視した。多くの人々は,シンプルな説明で複雑な世界を理解しようとする。つまり因果論を用いて世界の複雑性を解き明かそうとする。それが論理的で便利だからである。だが,この方法は役に立たない。

子どもが生活するシステム(心理的風土)を変えようとすれば,親や教師が自己覚知,セルフ・マネジメント,共感性,社会的スキルを高める必要がある。それにより,子どもや生徒も同じことができるようになる。こうした中核的スキルが身につくと,人格面・学業面とも見違えるように変化する。

私たちは,コンサルテーションの本質も同じだと考える。管理職,教師,親はヒューマニスティックな教育環境を創出するために,基本的ライフスキルを習得すべきである。全ての子どもがこうした環境を享受し,健康的・機能的な生活を送るために必要なスキルを学ぶ。こうしたスキルには,人間行動の理解,コミュニケーション,動機づけ,勇気づけ,しつけ,グループを扱うスキル,民主的リーダーシップが含まれる。建設的に生活を送るために不可欠なスキルである。これらを学ぶために最良の場所は,学校と家庭である。

社会的・情動的スキルの学習を,Golemanは著書『EQ－こころの知能指数』で提唱した。彼はSELが行動に与える影響と学業成績の関連を強調した。

「生徒の注意力が高まるのは,彼らが効力的な注意力の働かせ方を学び,教師やクラスが好きになり,ケンカやいじめに怯えていないためだと考える。こうした能力が向上し,教育場面を快適に感じられるなら,彼らはもっと学べるようになる」(Goleman & Senge, 2014, p.14)

SEL の共通要素

　このモデルでは，学校は１つのコミュニティ（および多くのコミュニティの一部）として捉えられる。以下のような SEL の共通要素を教える必要がある。

・自己覚知。自分はどんな感情を経験しているか，それはなぜかを知っている
・自己マネジメント。その感情をどうするか
・共感性。他者の考えを知る。他者の見方を感受する
・社会的スキル。それらを活用して調和的な人間関係を築く
・最善の意思決定。あらゆる情動知能スキルを用いて，最善の意思決定をする

　上記の自己覚知，自己マネジメント，共感性，社会的スキル，最善の意思決定という５つは，SEL で学ぶ中核的能力である。
　自己覚知は，内的な思考と感情に注意を向ける。例えば，私たちが感情に気づき，それに名前を付けるなら，内的世界で何が起きているかが分かるようになる。これは日常生活で冷静な意思決定をしたり，情動をマネジメントする上で不可欠である。そして，より良い人生を送るために役立つ。Goleman は次のように言う。

「子どもたちが自分にとって大切なもの，興味あるものに集中するとき，自分を動機づける関心とつながっている。こうした内面から生じる【内発的動機づけ】は，私たちが本当は何に関心を持っているか，子どもが何を，なぜ学びたいのかを教えてくれる。もし自分の目標に思い巡らせている子どもが，学ぶ【べき】ものとして教師の目標に従うだけなら，学校は誰かにとっての問題を学ぶところだと考えるようになる。そして動機づけや没頭を生み出す内的資源は，刺激されないままになる」(Goleman & Senge, 2014, p.18)

　これは道徳的次元で重要となる。生きていく上で，自分の価値観と共に歩んでいる感覚は，内的な方向舵となる。価値観と行為を連動させる内的な方向舵を信頼することで，私たちは満足した有意義な生活を送れるようになる。集中して落ち着いているとき，脳は最大限の力を発揮する。混乱していると，脳や内的方向舵は十分に機能せず，正しい針路を外れてしまう。それゆえ，生徒が落ち着き，

第7章　平和的，マインドフル，ポジティブなアドレリアン・クラスルーム

安心でき，集中できる環境を創出することが課題になる。

マインドフル・クラスルーム

　マインドフルなクラスを創出するには，教師自身がマインドフルネスを実践することが大切になる。教師は日課として，瞑想に取り組む必要がある。1日が始まる前，教師はマインドフルネスを実践する。クラスでは静座したり，誘導瞑想を聴きながら，毎日の瞑想を行う。「今日も皆さんが安全，健康，幸せでありますように」などと，教師はその日の始まりに生徒へのメッセージを贈ってもよい。生徒たちはケアと受容の気持ちを込めて，互いに挨拶をする。教師が各々の生徒を枠に押し込めず，日々新しく受容するのと同じである。こうした思いやりある態度が，生徒の学習意欲を促進する。

　教師自身が情動知能を高めることは大切である。教えたり，相談を受けたり，親しい関係を築くには，一定の情緒的成熟が不可欠である。自己覚知や情動への気づきが不十分な教師は，自分の問題を生徒に投影しやすい。「私たちはありのままに物事を見ない。自分の見方で物事を見る」と Anais Nin は言う。内部に不快な感情を抱えていれば，それを外部に投影する。教師は識別力を働かせ，感情の投影を引き戻し，自分の想像を超えるものとして世界を見る必要がある。

　例えば，アリス先生は朝の出勤前に夫と口論し，動揺していた。よくあるコンフリクトだが，確かに妨害的である。クラスに入ったアリス先生は，生徒たちが騒々しく，敬意を払っていないと感じた。彼らが学校で適切に行動するための自己コントロールを学ぶ好機ではないか？　アリス先生は，生徒たちの無礼な行動を注意しようと考えた。そして，内面で起きていることを理解しようとした。するとアリス先生は内部の緊張感に気づき，深呼吸して不快な感情を吐き出した。息を吐くたびに，身体がリラックスするのを感じた。すぐに生徒たちがそうする理由が分かった。彼らは友達と学校にいられるのが嬉しかったのだ。アリス先生は自分の期待で生徒たちを色づけるよりも，ありのままに彼らを理解できるようになった。それがあってから，アリス先生は生徒たちを受容し，これまでと違う感覚でクラスを始められるようになった。教師は自身の注意，願望，幸福が，生徒たちが健康的な生き方を育んでいくための基盤を創っていると理解する必要がある。教師の態度は生徒にすぐ伝わってしまう。

　マインドフルネスは，今この瞬間に生きることと，生徒の内面やクラスで起きていることへの非審判的な気づきを育てることである。そのためには，十全な注

意力を伴って他者の話を聴く必要がある。それには相手だけでなく，自分の情動に気づくことも含む。教師はたとえ自分の期待に沿わなくても，生徒の思考や感情をオープンに受け入れる。教師が出会った人々を受け入れられるようになるには，自己調整力を育てる必要がある。

マインドフル・クラスルームの構成要素

マインドフルなクラスに見出される要素は，以下のようである。

思いやり：有能な教師は，生徒を深く思いやる。彼らは各々の生徒に応じた知識を提供する。情報提供の仕方は，情報の受容と解釈のされ方に影響を与えると，マインドフルな教師は理解している。生徒が学びに苦労しているとき，怖れ，苦痛，心配，怒りのレベルを教師は注意深く見極める。それによりマインドフルな教師は，生徒の複雑なニーズに応えられる。

理解：マインドフルネスの実践を通して，教師は生徒および自身の思考・情動を深く理解する。教師は自身の前提，偏見，判断を生徒やクラスの問題に帰属させていることを理解できる。深い理解により，教師は日々新たな気持ちでクラスに入り，ありのままに生徒を見ることができる。それによって思いやりのクラス (Cohen, 2001) が生まれる。

制限：教師は制限設定の意義を理解する。敬意を伴う制限により，教師は自分の欲求を大切にし，他者が健康で幸福になるのを支援できる。クラスに信頼と安心を育てるために，教師は適切な制限を創出し，維持する必要がある。

集中力：このテクノロジーの時代において，教師と生徒は集中力を育てる必要がある。集中力は，日常的なマインドフルネスの実践で獲得される。互いの学びのために，教師と生徒は協働する。

意図：マインドフルな教師は，生徒とクラスでの学習プロセスについて，明確な期待と意図を持つ。期待により，クラスでの目標が生まれる。意図により，日々のクラスで起こる学びの機会を見逃さなくなる。こうした臨機応変な態度を持てば，教師は生徒のニーズに即応できるようになる。

ありのまま：教師は自分らしくあり，ありのままの自分を受容する。教師が自己受容するほど，生徒もありのままの自分でいることに安心感を覚える。彼らは真の「成長する教師」（Carlson & Thorpe, 1984）である。

マインドフルなクラスでは，生徒は自身の内面を見つめ，理解し，苦境に陥っても情動を制御できる。彼らは注意力の原理を学び，マインドフルになる。つまり内的な動揺に流されず，思考と感情に注意を向けられる。こうした観察的な自己覚知は思考，感情，衝動に動かされるのではなく，それらを理解するための内的基盤を創り出す。

マインドフルネスとその副産物である注意力は，学びに不可欠なスキルである。自分が望むところに注意を持続させる能力は，「認知的コントロール」と呼ばれる。欲求充足を我慢するには，高い認知的コントロールを要する。それはIQや家庭教育よりも，将来の学業成績を予測しうる。マシュマロ・テストで示されたこの能力は，子どものIQや家族の社会・経済的地位よりも，人生の成功を正確に予測していた。これは適切な教育によって習得できるスキルである。幸福と成功をもたらすと考えられるスキルは，共感性，社会的スキル，協力，チームワークである。

共感性と学業成績

思いやりのクラスでは，教師が生徒への優しさと関心を体現し，モデルを示す。こうした文化は認知と情動の両面で，学びにとって最高の環境となる。そもそも学びとは，暖かく支持的な環境で生まれる。そこには安全，支持，思いやり，親密さ，つながりの感覚がある。そうした場では，生徒の脳はすぐに最大の認知機能を発揮したり，互いを思いやるようになる。

幼少期の剥奪，虐待，ネグレクトなどにより，ドロップアウトのリスクが高い生徒にとって，こうした心理的風土は不可欠である。レジリエンスの獲得を親や教師が支援する，安全な環境づくりが必要である。とはいえ生徒にスキルを教える前に，教師と親はそれらを身につけるべきである。変化を望むだけでなく，共感と思いやりのスキルを訓練する必要がある。

教師は生徒の人生に劇的な影響を与えうる。人生で誰から最も大きな影響を受けたかと尋ねられた生徒の多くが，次のように語る。

「真に生徒たちを見守り，理解し，思いやり，可能性に注目していたのは教師であった。こうした思いやりや純粋な関心は，クラス内だけでなく，学校全体でも大切になる。安全基地があると教師が感じられるよう，管理職は気を配る必要がある。安全基地があれば心は最高に働き，能力は最大に発揮される。リスクがあっても挑戦できるようになる。革新的・創造的で熱心になり，意欲が高まり，他者の身になれる。自然に共感できるようになる」（Goleman & Senge, 2014, p.33）

スキル訓練プログラム

　有能な教師がSELの原理をどう日常生活やクラスに適用しているか，コンサルタントは知る必要がある。それを見極めるため，コンサルタントはインフォーマルなアセスメントや観察を行う。教師がマインドフルなクラスづくりで苦労していたら，コンサルタントは介入し，訓練を提供できる。

　コンサルタントは，継続的な教師研修プログラムの一部として，マインドフルネスやその他のSELスキルを訓練できる。SELの教育は，1対1で行うのが最適である。知識や事実を教えるだけなら，教材や自己学習でもよい。だが大部分は，直接に教授する必要がある。その後，高いSELスキルを習得するために，時間をかけて学習とスーパービジョンを行う。自己理解，内面への対応，共感，思いやりなどのスキルが，個別で教えられる。また定期的に開かれる，教師の「Cグループ」に参加することで支援が得られる。こうしたスキルを深化・向上させていくため，訓練は継続的に行われる。

まとめ

　生徒を有意義な方法で教え導くためのSELスキルを，教師は持っている。健全な心理的風土を創出するために，コンサルタントはこうした信念を持つ必要がある。教師が高い社会的・情動的スキルを持てば，マインドフルなクラスを創出できる。ライフスキル訓練を通して，教師は心理的健康とバランスを高める。また満足できる生産的な生活を送るために必要なスキルを学べるよう，生徒を支援できる。

振り返りの質問

1. マインドフルなクラスにおける5つの要素を挙げなさい。
2. クラスにポジティブな心理的風土を創出するために，コンサルタントは教師をどう支援できるか？
3. SELの中核要素とは何か？
4. 教師は自身で瞑想を実践する必要があるか？
5. 教師は自身が持っていないスキルを教えられるか？

第8章　親・家族へのコンサルテーション

はじめに

本章では次のことを学ぶ。

・なぜ親への支援が大切なのか
・親教育グループの方法
・親の問題解決のための「Cグループ」
・家族カウンセリングと家族療法

　親ときょうだいは，人間の発達に多大な影響を及ぼす。家庭とは愛情，信頼，受容，所属感が育まれる場である。学校やコンサルタントの仕事から家族を切り離すことはできない。

　本章では親への支援方法を学ぶ。教育的および治療的介入を説明する。予防的・教育的プログラムの重要性と，コンサルタントがこうしたプログラムをどう実施するかを解説する。

原　　理

　数少ない例外を除き，家族とりわけ親は人間の発達に甚大な影響を及ぼす。家族布置における子どもの位置やきょうだい関係も，同様に大きな影響を与える。不健康な家庭は恐怖と成長の歪みを伴う，ネガティブで有害な影響をもたらす。

　この数十年で，家族のポジティブな影響力は弱まっていると感じる。だからと言って，パーソナリティ形成における家族の影響力は無視できない。ポジティブであれネガティブであれ，家族の影響力は，社会に生きる人間に深く作用している（Amatea, Daniels, Brigman, & Vandiver, 2004; Amatea, Smith-Adcock, & Villares, 2006）。

　それにつなげて，あなた自身のパーソナリティ形成を振り返ってみよう。家庭環境は愛情，信頼，満足，受容など，人生への意味づけが最初になされる場である。そこで子どもはビリーフ，習慣，神話，価値などを身につける。優越感や劣

等感にどう対処するかも家庭で教えられる。家庭は他者への信頼感を発達させながら，社会的，労働的，性的，霊的な存在としての自己概念を形成する場である。

家庭は，子どもを最初に社会化する場である。つまり親ときょうだいは，子どもがアイデンティティを形成し，世界に自分の居場所を見出せるように支援する。最初の社会化は，情緒的教育として家庭内で行われる。学習への影響力という視点から，家庭を過小評価してはならない。原家族はコンサルタントやそのスキルにも影響を及ぼす。仕事での行きづまりが，子ども時代の学習に起因することもある。例えば親子関係で経験された失敗恐怖は，コンサルタントに葛藤を引き起こすかもしれない（Haber & Hawley, 2004）。

アメリカ・スクールカウンセラー協会（ASCA）全米モデルにおけるスクールカウンセリング・プログラムの枠組み（ASCA, 2012）では，生徒の学力向上のために親・保護者へのコンサルテーションを推奨している。情報提供，コンサルテーション，親・保護者への支援により，家族の関与が高まる（ASCA, 2011）。また，学校と家族の信頼関係を構築できる（ASCA, 2010）。

親教育

親は養育者として十分に機能するだけの経験，訓練，教育歴を持たない。新聞の求人広告を見ると，次のように書かれていた。「15～20年の雇用期間。あなたの財産から8万ドル～12万5000ドルを投資。長時間労働。多くの困難。満足の保証なし。学歴・経験不問」この架空広告は，親という仕事の本質を的確に描写している。つまり親と関わることは，この仕事のために雇われた「労働者」と関わることである。親にとって，コンサルテーションは教育を受ける機会となる。

アドラー心理学の親教育では，普通の親でも育児スキルを高めることができる。コンサルタントが支援するのは，病気，逸脱，トラブルを抱えた親でなくてもよい。問題を生み出すのは，親の態度，考え方，関係性である。専制や甘やかしから自由になろうとする子どもと闘っても，民主的な関係は構築できない。多くの場合，揺れ戻しを生む。すなわち専制的な育児は，甘やかしになりやすい。子どもと民主的に関わる新しい方法は，もはや選択肢の1つではなく，必須事項と言える。健全な家族は，健全な社会の大切な構成要素である。

学校メンタルヘルスに関わるコンサルタントにとって，親教育の重要性は増している。親教育は，教育現場で家族が大きく成長する機会となる。親教育プログ

ラムの開発にも関心が高まっている（Clark, 1995）。

　親教育はPTAのように，親が学校に関与する活動とは大きく異なる。こうした組織は重要な問題に対応できない。学校への親の参加は，通知表に関する面談，授業参観時の懇談会など，よくある単発の会合だけではない。コンサルテーション，カウンセリング，治療など，機能性が低い人を支援するプログラムは，家族関係に変化をもたらす。昔から学校は，家族が人間行動に関する指針や原理を習得できるような支援を行ってこなかった（Dinkmeyer & Dinkmeyer, 1976）。

　コンサルタントは，家庭とコミュニティで機会をうかがいながら，学校を変革するという困難な仕事に取り組む。この役割は「変化の設計者」と呼ぶのが相応しい。私たちは子どもの全体性に関心を持つゆえ，親への支援を重視する。学校で家庭の生々しい問題を話し合いたくないと，親が抵抗することもある。その場合，コンサルタントは親の元に出向き，傾聴するだけでなく問題解決スキルを教える。

　週1回の話し合いによる親教育プログラムも，大切な構成要素である。そこで親は能動的にふるまえる。グループは開始されると徐々に自立していく。私たちの経験から，社会的地位，知的水準，民族に関係なく，親はグループ活動を求め，支持するようになる。親教育の有効性は，参加者が次のような恩恵を得られることであろう。

- 自分の悩みは，他の親の悩みでもあると分かる
- 子どものいないコンサルタントは，「あなたは子どもがいないのに，なぜ分かるのですか？」などの質問に答える必要はない。回答する「資格」を持つ人が，グループにたくさんいるのだから
- グループは，親が互いから学ぶ場である
- 親教育は家庭で使うための新しい考え方，スキル，習慣，勇気づけを提供する
- 親教育グループは効率性が高い。参加した10～12人の親を通して，彼らの子どもや配偶者20人以上にも影響が及ぶ

　コンサルタントは利用可能な親教育ツールに精通するとともに，良いグループリーダーになる必要がある。さらに多くの人々にアプローチしたいなら，親教育リーダーの養成プログラムを開発できよう。

　親教育に関する書籍も，多く出版されている。例えば『親教育ハンドブック，

第 2 版』（Fine, 1989）（未邦訳），『親教育の多様性：育児と親教育の変遷』（Fine & Lee, 2000）（未邦訳）がある。全米親教育センター（2015）などの資料をオンラインでも入手できる。

『勇気づけて躾ける』（Dreikurs & Soltz, 1964）と『やる気のある子に育てる法』（Dinkmeyer & McKay, 1996）という書籍は，読書を通して話し合う親教育グループで使われる。アドレリアンの精神科医として著名な Dreikurs による『勇気づけて躾ける』は，おそらく親教育で使われた最初の書籍である。本書は親子関係についての Dreikurs の思想に言及しつつ，専制的社会と民主的社会のジレンマにどう対処するかを解説している。その内容は，「子どもを理解し，勇気づける」「誤った目標の発見」「子どもとの関係を確立し，維持する方法」「協力を得る」「不適切な行動に過度の注目を与えない」などである。

『やる気のある子に育てる法』は，個人・グループ学習に適した書籍である。本書は人間行動を理解し，情緒的成長を促進するためのアドレリアン・アプローチを解説している。また，有用な親子関係の妨げとなる，子どもと大人の誤った考え方にも注目している。そしてコミュニケーション・スキル，傾聴の方法，代替案の検討にアドレリアン・アプローチを適用した。勇気づけや論理的結末についても考察している。子どもが演じるゲームや，学校で引き起こす問題も取り上げている。特定の問題への解決策を探している親にとって，本書は有用なガイドとなろう。

多くの親を支援してきた読書グループだが，限界もある。読書グループでは，コンサルタント（リーダー）に高いスキルが必要になる。本が素晴らしくても，素晴らしいグループ経験は保証されない。また先述した書籍には，視覚的に親の関心を喚起するイラスト，マンガ，図表などが少ない。こうした理由から，読書グループの利用者は定式化された親教育グループよりも少ない。

STEP

STEP（Systematic Training for Effective Parenting）は，最も普及したアドラー心理学による親教育プログラムである（Dinkmeyer, McKay, & Dinkmeyer, 1997, 1998; Dinkmeyer, McKay, Dinkmeyer, Dinkmeyer, & McKay, 1997）。STEP は年齢別に 3 つのプログラムがある。すなわち 0 〜 6 歳向けの Early Childhood STEP，6 〜 12 歳向けの STEP，思春期向けの STEP TEEN である。ここでは 3 つを総称して STEP と呼ぶ。

STEPは，コンサルタント自身の経験に頼らずに実施できるよう構成されている。STEPを修了した親は，自分もリーダーとしてグループを開くことができる。
　STEPで扱うテーマは，大きく以下の3つである。

・不適切な行動
・勇気づけを通して動機づけを高める
・選択と結末によるしつけ

　STEPは体系的に学習を進めていく，スキル育成プログラムである。各回では，前週に出されたホームワークについて話し合う。ホームワークでは参加者は子どもに特定の働きかけをしたり，様子を観察して報告するよう求められる。
　教材を読んでくるホームワークでは，内容を子どもとの関わりにどう適用できるかを話し合う。図表により，テーマや理論を視覚的に理解できる。
　STEPでは12名ほどの参加者が7週間にわたり，週1回・約2時間の会合をする。出席は強制でないが，虐待・ネグレクトをする親に対して，司法分野の矯正教育で利用される機会が増えている（Dinkmeyer, 1999）。ほとんどが参加者を固定したクローズト・グループである。
　参加者の子どものうち，少なくも1人は同年齢であることが望ましい。その年齢に共通する問題について，検討を深められるからである。思春期の子を持つ親は，夜尿や歩き始めの話題には退屈するだろう。逆に歩き始めた子を持つ親は，思春期の反抗の話を聞くと，10年後の未来が怖くなってしまう。

親教育グループの学習サイクル

　コンサルタントがリーダーシップ・スキル，学習サイクル，グループ段階を理解していると，親教育グループはうまく機能する。

リーダーシップ・スキル
1. 時間，トピック，人数，目的を決める：親教育グループは10～14人が参加し，週1回で2時間，7週にわたり行われる。グループで何を学ぶかにより，トピックは決まる。グループはセラピーを目的としない。
2. 参加者の経験を普遍化する：参加者は育児をしながら，同じような困難に出会ってきた。よくあるテーマには，就寝，家事，動機づけなどがある。と

はいえ，他の参加者も同じ経験をしていることに，親は気づかない。互いに似たような経験をしていることをリーダーは指摘する。もう1つの普遍化は，子どもへの期待である。どの親も子どもに幸せになってほしい，誤りから学び，努力してほしいと願う。こうした目標と，そこに至る道筋をグループで検討できる。
3. 大いに勇気づける：親教育グループでは，勇気づけのしすぎということはない。裁判所の命令で来た親は，勇気をくじかれている。それゆえリーダーは，ポジティブな点を探して勇気づける。グループに参加していることだけでも，長所として取り上げられる。

学習サイクル

1. 教材の文章と図表について話し合い，新しい考え方を提示する：多くの章で示された考え方は，旧来の考え方にない新しさを含んでいる。例えば「動機づけ」の章では，「ほめ」と対比して「勇気づけ」という新しい発想を紹介する。
2. 新しい考え方を具体的なスキルに変換する：例えば親が勇気づけの発想を理解しても，具体的にどう勇気づけるのか？ どうすれば，何を言えば勇気づけとなるのか？ ロールプレイ，状況設定，オーディオまたはビデオ事例を用いて，参加者はスキルを訓練する。
3. 子どもとの関わりでスキルを実践する：グループの開始時に，その週のホームワークがどうだったか，参加者に尋ねる。それをチェックしてから，話し合いとなる。

グループの段階

1. 過剰な期待：参加者は意気込んでおり，子どもを改善・変化させる秘策をグループが教えてくれると思っている。リーダーがグループの構造化に専念することで，参加者はグループの目標を理解できる。普遍化により，参加者は共通の悩みを抱えていると気づく。この段階は，2～3週にわたって続くことが多い。
2. 私は変わるべきなの？：グループは子どもではなく，親自身が変わるためのアイデアを提供する場だと参加者は気づくようになる（親の態度や行動が変われば，子どもも変化する）。自分を変えたくない参加者は，勇気をくじかれるかもしれない。移行の段階であり，コンサルタント（リーダー）は些

細でもポジティブな面を取り上げ，勇気づける。
3．凝集性とコミットメント：最終段階ではグループの凝集性が高まり，変化に向けたコミットメントが生じる。グループが有意義であれば，参加者は終了を名残り惜しく感じるだろう。

親教育グループにおける参加者の関与は，上記のような段階を経る。親向けのガイダンス・サービスでも，同じようなプロセスが見られる（Hodgson, Mattison, Phillips, & Pollack, 2001）。

親のCグループ

Cグループ（巻末資料2を参照）は，参加者が知識を習得し，自分のビリーフや態度を評価できるようにする。Cグループでは，理論の学びを超えることがある。すなわちアイデアや方法を実演したり，子どもとの関係に影響を与えるビリーフや態度に参加者が気づけるようにする（Dinkmeyer & Sperry, 2000）。

「私は常に正しくあるべきだ」「私のルールは誰にも曲げられない」などのビリーフが良好な関係性や思いやりのコミュニケーションを阻害していると親が気づけば，Cグループの力は発揮される。ビリーフが抵抗や権力闘争を招いていると，親は気づかされる。「私は正しいにこしたことはないが，時に間違いもする」「成長過程で，私の権威に挑戦されないほうが楽だろう」とビリーフが修正されるなら，コンフリクトが解消する可能性は高まる。

Cグループのリーダーは，学習グループやSTEPを経験した親とワークするのを好む。人間行動の基本原理や育児スキルについての共通認識があるためである。リーダーはこの認識を彼らの感情，ビリーフ，態度と統合し，具体的な状況に原理を適用しようとする。リーダーにはグループ・ダイナミクスを用いて問題解決を行うスキルが必須となる。

「Cグループ」という名称は，その有効性がどれもCを頭文字とすることに由来する。その要素を以下に示す。

1．コラボレーション（Collaboration）：互いを思いやりながら，対等な立場で協働することが基本となる。
2．コンサルテーション（Consultation）：参加者が互いに相談と助言をする。
3．明確化（Clarification）：参加者のビリーフや感情を明確化する。

4．直面化（Confrontation）：正直で現実的なフィードバックである。自分の目的，態度，ビリーフを見つめるとともに，他者のビリーフを直面化するような規範が確立される。
5．思いやり（Concern and caring）：ここでの関係性には思いやりが浸透している。
6．守秘（Confidentiality）：グループで話し合われた内容は，外部に漏らさない。
7．コミットメント（Commitment）：参加者は自分の問題に腰を据えて取り組むことを決断する。
8．コミュニケーション（Communication）：全ての参加者の間でコミュニケーションが行われる。
9．変化（Change）：目標は変化である。参加者は目標とする変化を設定する。
10．凝集性（Cohesion）：凝集性は参加者が家族のようになるのを助けてくれる，グループの感覚である。

親グループの治療作用

　Ｃグループは，参加した親が子どもとの関係への気づきを深める機会となる。彼らは自分の養育態度が子どもに与える影響について，他の親からフィードバックを受ける。こうした治療的相互作用が常に行われる。どんな親も問題を抱えているが，解決が可能だと彼らは分かるようになる。親同士が助け合い，ともに新しい親子関係を築く機会となる。仲間からの修正的フィードバックは，参加者に絶大な影響を及ぼす。
　親グループを行うコンサルタントは，グループが情報やアイデアを提供する場で終わらないように注意する。ここは講義でも議論の場でもない。優れた治療的グループに生じるメカニズムやダイナミクスを用いて行われる，グループ体験である。教育志向のグループは，治療的な結果を生じうる。
　コンサルタントは，（子どもを思う気持ちだけでも）親を肯定し，勇気づける必要性を理解している。コンサルタントは押しつけや説教をせず，先導する。Ｃグループは，伝統的な親ミーティングと大きく異なる。Ｃグループでは親を「全体的」で対等な存在と見なす。彼らは講義や指示を受けるのではない。目の前にある問題への取り組みを，ともに考えることになる。
　Ｃグループに働くメカニズムは次のようである。

1．グループへの同一視または共同体感覚。皆が共通の問題を抱えている。だからこそ，親が子どもと快適な関係が築けるように支援できる。
2．しつけが普遍的な問題であることを認識できる。
3．支援を受けるだけでなく，他者を愛し，支援する機会となる。たとえば協力，相互援助，勇気づけ，サポートの提供などである。
4．傾聴の機会が得られる。つまり直接のサポートだけでなく，観客効果も提供する。他者の考えを聴くことで，新しい子どもとの関わりが生まれる。
5．フィードバックのメカニズム。他者を観察し，話を聴くことで得るものがある。

アドレリアン家族カウンセリング

多くの親は善意であっても，誤ったしつけをしているとアドラー心理学は考える。そのため一般論ではなく，具体的な方法論を親に提供することが重視される。子どもガイダンス・センターや家族教育協会などのアドレリアン・センターでは，具体的な育児の方法を実演している。グループ・ディスカッションでは，理論をどう家庭に適用できるかを話し合う。

参加者全員が，子どもとの有効な関わり方を学ぶことができる。これはカウンセリングを受ける家族を観察し，同一視することでなされる。食事，就寝，着替えなど，親が経験する問題の多くに普遍性がある。そのため親は他の家族を観察し，自分の置かれた状況を理解できる。他の家族の問題ゆえに感情的に巻き込まれず，客観的な視点で何が起きているかを理解できる。

アドラー心理学は，新しい親子関係を育てようとする。それゆえ治療ではなく，教育と訓練を重視する。親に有効な方法を教え，親子が不適切な行動の目的に気づけるよう支援する。

親向けのセッションは，導入ミーティングで始まる。理論と方法の説明，質疑応答があり，自発的なコミットメントが行われる。ふつうは1時間半の夜ミーティングの形式である。ラポールが形成されると，親を選んで公開カウンセリングを行う。選ばれた親に，子どもの不適切な行動と親の反応を含む，典型的な1日の様子を尋ねる。カウンセラーは，他の親を話し合いに引き入れる。他の親は，子どもの出生順位や行動エピソードに基づき推量を行う。そして当の親に聞いて，推量の正しさを確かめる。貢献と家族ダイナミクスの理解を狙いとする。

次に、当の親に退室してもらう。そして目標に関する仮説を検討するため、子どもに入室してもらう。子どもの話を聴いてから、プレイルーム担当者に遊びの様子を観察してもらったり、教師にクラスでの行動を報告してもらう。それから行動提案を募る。提案について話し合い、重要度に応じて対処法を検討する。

公開形式で行うアドレリアン・アプローチの特徴は、以下のようである。

1. **子どもは自分なりのやり方で、経験した出来事に反応する**。幼い子どもは、親の態度と関わり方が変わらないと、変化するのは難しい
2. **全ての親は、いわゆる「グループセラピー」に参加する**。そこでは、他の親の前で事例検討を行う。自分と同じような問題を抱えた人の話を聴くことで、親は洞察を深める。こうして、個人治療を超えた影響がもたらされる。そして、コミュニティ全体（例：教師集団）が、よりよい子ども理解と対応に向けて導かれる
3. **子どもと親に、同じセラピストが関わる**。子どもの問題はすべて、勇気をくじかれた親子関係の問題である。一方への関わりだけでは不十分であり、親子の双方の側からアプローチする。支援のスピードと経過は、親子の受け入れの程度による。その前提として、セラピストが双方と信頼関係を築いている必要がある
4. **子どもの年齢に関係なく、率直に問題を話し合う**。言葉が分かる子どもなら、話し合われている心理ダイナミクスも理解できる。一般に思われているよりも、幼い子どもは心理的説明への鋭い理解力を持っている。むしろ親のほうが、問題に関わる心理的ダイナミクスの理解に時間を要する。子どもはそれらを瞬時に把握してしまう
5. **「問題児」だけでなく、彼らのきょうだいについても話し合う**。問題は家族の全員と深く関係している。家族全体を俯瞰しながら協力、競合、対立の様相を見て、各々の考え方や行動への理解を深める必要がある
6. **親子関係の変化、きょうだい関係の変化が支援の主目的となる**。そうした変化なしに、子どもの行動、ライフスタイル、社会生活の方法、自己概念は変えられない

公開家族カウンセリングを行うには、コンサルタントに高いスキルが求められる。興味深いのは、家族カウンセリングとコンサルテーションの段階が似ていることである。Cグループは親教育のモデルだが、家族療法（後述）でも用いられ

る。学校で働くコンサルタントは，コミュニティで利用できるサービスの1つとして，家族カウンセリングを行う機関の紹介を検討するとよい。

親の抵抗を軽減するには

親がコンサルテーションに抵抗を示すことは珍しくない。抵抗は問題の否認や状況への感情的反応とされる。いずれの場合も，親はコンサルテーションに関与しようとしない。

抵抗が生じる理由は複雑であり，次の要素が挙げられる（Campbell, 1993）。

・学校に関わる，親のネガティブな過去経験
・子どもの問題を上回る，親の個人的問題
・「これは親ではなく，学校の問題だ」のような認識の違い
・問題が存在することの否認

こうした抵抗の解決策として，3段階のアプローチがある（Dinkmeyer, 1999）。

・まずは親の考えを傾聴する。どんなストーリーも，見方を変化させるリフレームが可能である
・現在の強みに焦点を当てたり，教育的に強みを創り出し，問題をリフレームする
・焦らず一歩ずつ進める。互いが合意したことをまとめる

アドレリアン家族療法

「セラピスト」「コンサルタント」という言葉を同義語のように用いて，アドレリアン家族療法の概要を述べる。コンサルタントが自分を「セラピスト」と見なさなくても，有効な家族介入の基底にある原理を理解することに意義があるかもしれない。本項は他の専門家にリファーする際の準拠枠となろう。ここでは直接的・効率的な技法を用いて家族システムを変化させるための方略を概説する。

モデルの理解

　アドレリアン家族療法は，具体的な介入方略である。このアプローチの利点は，多くの家族理解の方法があることである。家族内のパターン，目標，運動は，どれも家族を理解し，改善するための手がかりとなる。コンサルタント，カウンセラー，セラピストは，リーダーと見なされる。つまり，まず質問によって家族システムを明確化し，次に提案によってリフレームする。

　家族システムの変化を促進するために，コンサルテーションと親教育が広く用いられる。このモデルが目指すのは，家族が創り上げたシステムを変化させ，新しいシステムの中で各々が機能できるようにすることである。

歴史と展開

　家族カウンセリングの伝統は，アドラー心理学に根づいている。1922年にウィーンで，Adlerは夫婦や家族をカウンセリングするクリニックを開設した。最終的に30以上のクリニックがつくられた。この施設で興味深いのは，公開形式の面接を重視していたことである。Adlerの仕事は，公開家族カウンセリングの先駆けであった。

　Adlerらは公開の場で，家族にカウンセリングや助言を行った。これが家族を支援する他のアプローチとの大きな違いである。カウンセリングの実演では，セラピストは下位システムである家族の誰かと面接する。例えば最初に両親，次に子ども全員，再び両親，最後に家族全員と面接する。セラピーの場合，一度に家族全員と面接することもある。

　家族へのアドレリアン・アプローチの目的は，以下の3つである。

・家族を支援する
・家族への支援法を，他の専門家に示す
・家族面接で扱った問題は自分の問題とも共通性があると，観衆が理解できるようにする

　こうした実演は，現代の家族心理教育，現代のアドレリアン・カウンセリングおよびセラピーの先駆けとなった。

　Adlerは公開面接を何年か行ったものの，第二次世界大戦前の混乱で中止を余儀なくされた。Adlerらはヨーロッパを脱出し，北米やスコットランドでこの仕事を続けた。Adlerの影響力を過小評価すべきではない。広く使われているカウ

ンセリングとサイコセラピーの教科書は，以下のようにアドラー心理学について記している（Corey, 2005）。

「Adler は援助職が進むべき方向を予見していた。つまりセラピストは社会活動家として，社会的関心の理念に反し，人々に問題をもたらす社会的条件の予防と改善に取り組むべきだと考えた。Adler は人々の健康に対する予防的サービスの先駆者であり，やがて学校と家庭におけるアドラー心理学の意義を提唱するに至った。アドラー心理学は医学モデルではなく，成長モデルに基づくため，さまざまな領域に適用できる。例えば，子どもガイダンス，親子カウンセリング，夫婦カウンセリング，家族療法，グループカウンセリング，子ども・青年・大人への個人カウンセリング，異文化間コンフリクト，矯正カウンセリング，リハビリテーション・カウンセリング，メンタルヘルス機関などである。アドラー心理学は依存症プログラム，貧困や犯罪対策プログラム，高齢者問題，学校，ビジネス，宗教など，幅広い分野で用いられてきた」（p.111）

Corey は実存療法，パーソンセンタード，交流分析，行動療法，論理情動療法，リアリティセラピーに Adler の理論が与えた影響にも言及している。Adler の弟子であった Rudolf Dreikurs は，1937 年にシカゴへ移った。彼はリンカーンセンターに子どもガイダンス・センターを開設し，シカゴ周辺にもセンターをつくった。彼は世界各地でカウンセラーの訓練を行い，家族教育センターの設立を奨励した。それによりアメリカやカナダの 20 都市以上に家族教育センターがつくられた。

家族教育センターの多くが，現在も活動している。Dreikurs の没後も，新しいセンターが設立された。家族教育センターは，アドレリアン家族療法のリファー先である。Dreikurs は，アドラー心理学の普及に多大な貢献をした。彼は北米アドラー心理学会（NASAP）とシカゴ・アルフレッド・アドラー研究所（現在はアドラー心理学専門職大学院）を立ち上げた。これらの機関は，北米におけるアドラー心理学の発展に寄与してきた（Dinkmeyer & Sperry, 2000）。

治療・教育に関係なく，私たちの家族への関わり方は Dreikurs から多大な影響を受けた。彼による「不適切な行動の 4 つの目標」は，子どもの行動への洞察をシンプルかつエレガントに表現している。この概念を「素晴らしい発明」と称賛されると，彼は「発明したのではない。そう見えただけだ！」と答えていた。これこそが Dreikurs の仕事の影響力である。

主な概念

　家族と面接するには，次のような見方が有用である。人間は分割できない。社会的・創造的で，意思決定し，目標志向の存在である。こうした見方は全体論的であり，パターン，統一性，一貫性に着目する。

行動は社会的意味を持つ。行動の社会的コンテキストについては，以前の章で説明した。これは個人だけでなく，家族やシステム内の人間関係にも当てはまる。ある生徒の学業不振は，成績優秀なきょうだいの存在により，勇気をくじかれた結果と解釈もできる。家事をしない父親は，母親だけでなく子どもにも影響を及ぼす。協力をしないことが男らしさだと，彼らは考えるようになる。

　社会的コンテキストの理解に不可欠なのは，社会的に有用な行動または社会的関心である。家庭での社会的関心を伴う行動には，協力，家事の遂行，他者の幸福に関心を払うことがある。これらは大人の役割と思われがちだが，子どもが責任ある行動を身につける機会でもある。

　セラピストやコンサルタントにとっても，社会的関心の概念は重要である。もし家族が非協力的または非機能的であれば，社会的関心を強調したホームワークや教育が必要となる。それゆえ社会的関心は，治療的・教育的介入による健康度の促進や進歩の指標となる。つまり，もし家族が改善しているなら，彼らは互いを思いやって行動しているだろうか？

全ての行動には目的がある。前述したように，あらゆる行動には目標がある。目標に向かう運動は，行動の中で示される。ShermanとDinkmeyer(1987)は，「家族セラピストは母親の感情を検討したり，家族に行動とそれに対する反応を考えてもらうことで，目標を理解できる」と，家族における目標志向行動を説明している。例えば親子間のコンフリクトでは，親は困惑して多くの時間を子どものために費やす。子どもは親の注目を引こうとしているのかもしれない。子どもから挑戦されていると親が感じ，負けたくない気持ちになっていれば，権力闘争の可能性がある。親が傷つけられたと感じていれば，子どもは復讐の意図を持っていそうである。極度の苛立ちや無力感を親が抱く場合，子どもは能力があっても，無能さを見せつけていそうである。それにより親に諦めさせ，物事を肩代わりさせようとする。

重要感の追求。私たちは特定のやり方で所属しようとする。それによりマイナスの感覚を離れ，プラスの感覚に至ろうとする。幼い子どもは，身体，知的，情緒

面で能力が低い状態にある。ポジティブなやり方で貢献できる道筋を探すことで，親とセラピストは，家庭に所属しようとする子どもの努力を支援できる。その逆は，いつも泣いたりねだったりして，要求を通そうとする子どもである。子どもは重要な存在になるために，混乱を引き起こす。これは誤った所属の追求と見なされる。

主観的認知。家族一人ひとりの見方は，セラピストには豊かな土壌となる。

「セラピストは家族一人ひとりの認知を理解する必要がある。各々が独自の人生観を発達させてきた。人間はあらゆる経験を意味づける。そのプロセスは次のように表現できる。各々が脚本を書き，プロデュースと演出をし，役を演じる。私たちは物事に反応するだけでなく，どう認知するかを決定する創造的存在である。たとえネガティブであっても，私たちは自己認知を維持するような反応を選択する」(Sherman & Dinkmeyer, 1987 p.123)

アドレリアン家族システム

アドレリアン家族療法は，相互作用とシステムを重視する援助モデルである。これまで家族療法に適用されてきたのは，個人志向アプローチではない。アドレリアン・セラピストにとって，家族の間で何が起こっているかが重要である。基本的には行動の社会的意味，目的志向の行動，個人間の関係性に焦点を当てる。

家族の理解は，集団としての家族に関わることである。家族の相互作用は，家族一人ひとりの目標，ライフスタイル，私的論理だけでなく，集団としての目標，ライフスタイル，私的論理，家族の雰囲気に影響を受ける。

DinkmeyerとDinkmeyer（1991）によると，家族の相互作用において，以下の8つの力動的要素が重要となる。

- 権力と意思決定
- 境界と親密性
- 役割
- ルール
- 類似性
- 相補性と違いに関する神話
- コミュニケーションのパターンとスタイル

目標と治療プロセス

　一般的に学校コンサルタントは，セラピストの役割を担うと見なされていない。とはいえ近年，学校関係者が家族システムとの有効な関わり方を理解することが重視されるようになった。

　私たちはそれを踏まえ，学校コンサルタントが家族への介入やリファーの役割をこなせるように，一連の質問を提案した。これらは Dinkmeyer と Dinkmeyer（1991）の質問を，学校現場に合わせて修正したものである。

1. 各々は，家族がどうなってほしいのか？それに対して学校関係者は何ができるか？
2. 各々は，何を家族の直面する困難または問題と見なしているか？
3. 面接の目的は不満を述べることでなく，変化に焦点を当てることだと各々は理解しているか？
4. 学校コンサルタントの支援を受ける意味やその期間を，家族は理解しているか？
5. 家族は何を凝集性，協力，コミュニティ，満足の源泉としているか？　次の質問で確認できる。
    a. 自尊感情の程度は？　自己価値の感覚を持っているか？　自分に価値があり，有能で，愛され，受容されていると感じているか？
    b. 社会的関心の程度は？　所属感を持ち，集団の一員と感じているか？　協力，関与，共有のために何をしているか？
    c. 家族はユーモアを持っているか？　自分たちを俯瞰できるか？　自分をジョークのネタにしたり，失敗を受け入れたり，不完全である勇気を持っているか？　叱責，管理主義，自己防衛を避けているか？
6. 各々は家庭でどんな役割を担っているか？　さまざまなタスクをこなしているか？それとも，限られたタスクしか受け持たないのか？
7. 変わりたいのは誰か？　変わりたくないのは誰か？　誰が変化を求めているかを理解するのは重要である。家族は自分たちを変えたいと思っているか？　どんな変化を求めているか？　誰かを変えたいのか？　自分自身が変わりたいのか？　誰が変化に抵抗しているか？抵抗から何を得られるか，その目的を明確化する。

8．伝統的アプローチは，家族の誤謬，脆弱性，精神病理の診断を重視していた。むしろ重要なのは，家族の強みを診断することである。家族全体の強みは何か？ 各々の強みは何か？ それらは家族システムの中で，どう溶け合っているか？ 親族やコミュニティから，どんなリソースが利用できるか？

家族の変化

家族の変化には，次のことが挙げられる（Sherman & Dinkmeyer, 1987）。

・権力の再方向づけ
・新しい理解や洞察
・新しい，または修正された目標
・コミュニケーション，問題解決，コンフリクト解消における新しいスキルや選択肢
・勇気と楽観性の高まり，エンパワメントの感覚
・社会的関心の高まり
・家族システムにおける新しい役割
・成長と変化へのコミットメント

良質なセラピー，カウンセリング，教育から変化は生じる。アドレリアン・アプローチはできるだけ効率的に，主体性を大切にしながら家族のニーズに応えようとする。そこでは学校の構成員としての臨床的・専門的な判断が必要となる。

まとめ

本章では，包括的アプローチによる親への支援を提示した。そこには親教育，家族カウンセリング，家族療法が含まれる。コンサルタントは親教育を実施するためのリソースとなる。資格を持っていれば，コンサルタントは家族カウンセリングも行える。コンサルタントは家族療法の概念も理解している必要がある。これらを実践するには，アドラー心理学が家族一人ひとりにどう役立つのかを考えることが前提となる。

振り返りの質問

1. どんな原理に基づき,親や家族へのコンサルテーションは行われるか?
2. 親を支援するためのアプローチを2つ挙げなさい。
3. 親教育の3段階とは何か? それはコンサルタントの介入にとって,どんな意味を持つか?
4. 親教育における治療作用とは何か?
5. 親に対して「Cグループ」はどう使われるか?

第9章　コンサルテーション事例集

はじめに

本章では，教師と親へのコンサルテーション事例を提示する。各事例は以下の形式に沿っている。

- ・生徒の年齢と学年
- ・不適切な行動または心配事
- ・行動の目標または目的の分析
- ・代替案
- ・著者のコメント

それに加えて，付属ウェブサイトで視聴できる5つのコンサルテーション事例の概略を記した。親グループが1事例，教師コンサルテーションが2事例，親コンサルテーションが2事例である。巻末資料1に教師コンサルテーションの逐語録を示した。

本書で取り上げた概念が各事例にどう適用されるのか，読者は考えることになる。エピソード，診断，代替案をシステマティックに提示する。それらは教師の視点と言葉で記述されている。各事例がどう解決したかは書かれていないが，ダイナミックな枠組みを持つコンサルテーションの方法論を示している。

教師がどんな新しい行動をとればよいか，事例を通して読者も考えてほしい。あらゆるコンサルテーションを導くルールは，「別のやり方をとる（DID; Do It Differently）」というシンプルな技法である。私たちは代替案を創造する。各事例は，それまでの章で説明した心理学のダイナミックな活用を示している。

小学校篇

事例1：トヨナ
年齢：8歳の3年生です。

行動：トヨナは，誰のことでも告げ口をします。トヨナが他の生徒をトラブルに巻き込もうとすることで，私の多くの時間がとられます。彼女は，他者を困らせる状況を作り出そうとしているのだと思います。次に一例を示します。トヨナとターシャは仲が悪く，互いに近づかないよう言われています。チームティーチングでリーディングの授業を持っていますが，トヨナとターシャは私の同僚のグループに入っていました。彼らと私は別の教室にいました。同僚がトイレに行ったので，私は両方のクラスを見ていました。トヨナは3回も，部屋のどこに行ってもターシャが付きまとってくると訴えます。5分くらいのことです。ターシャが付きまとったのかと他の生徒に聞いてみました。すると，トヨナがターシャに付きまとうのだと言います。トヨナが状況を作り出し，ターシャのことを告げ口します。前回は，トヨナがターシャを言葉で攻撃しました。それからその状況について，私に議論を吹っかけてきました。仕方なくトヨナを私の部屋に連れて行き，机の脇に座らせてリーディングをさせました。

分析：トヨナの行動は，注目を引こうとしていると思います。私がトヨナの「問題」を解決しようとすると，彼女は3回も止めさせようとしました。いつも自分に注目し，面倒を見ることを求めます。私はその状況に困惑し，苛立つようになりました。私はターシャに近づかないよう警告しました。それでも同じ行動を繰り返します。これは解決可能な問題だと思います。これは私の問題です。平穏な教室を作るという私の権利が侵害されているからです。ターシャの権利も侵されています。問題が解決されたら，トヨナは告げ口を止め，私は授業に集中できるでしょう。

代替案

- **代替案の検討**：トヨナと私は，告げ口ではない，問題に対処する方法を検討できるでしょう。彼女と一緒に代替案，つまりこの状況における新しい行動の仕方について，ブレインストーミングできます。どの時点で先生のところに来ればいいのか，一緒に考えられます。「よい」告げ口と「悪い」告げ口の違いを考えることができます。今後このような問題が起こらないようにするには，クラス全体で考えることも必要です。
- **行動計画**：トヨナと一緒に考えたところ，とてもうまくいきました。「悪い」告げ口を減らす計画を一緒に立てました。彼女の母親は，小さなノートとシールを買ってくれました。毎日，ノートに日にちを記入します。母親は毎

朝，ノートに勇気づけの言葉を書いてくれました。母親はトヨナの長所と，よい一日を過ごすようにと書きました。トヨナと私は，毎朝それをシェアしました。「悪い」告げ口をしないで午前中を過ごせたら，シールがもらえます。午後も同じです。シールは自分で選べるので，トヨナは楽しみにするようになりました。ここ3週間で，週3回は2枚のシールをもらえるようになりました。これはすごい進歩であり，私はとても満足しています。

・「私メッセージ」：告げ口について私がどう思っているかトヨナが分かれば，それをコントロールできるでしょう。ポジティブな「私メッセージ」で次のように言います。「あなたが友達とうまくやっているのは嬉しいわ。協力は大切なことだから」。「悪い」告げ口をしたときは，「あなたが告げ口をするとイライラしちゃうの」と言います。トヨナにはユーモアのセンスがあり，よく笑います。私は声の調子や非言語的なユーモアを使って，何が起きているかを示せます。彼女は授業に楽しんで参加します。いろいろなアイデアも出してくれます。彼女は思いやりある友人，愛すべき生徒になれるのです。またクラスの年下の生徒を助けています。これからもシールを続けていきます。彼女がそれを気に入り，報酬・正の強化と見なしているからです。私は彼女の強みに注目し，それに気づかせてあげようと思います。この介入計画と「私メッセージ」を継続していきます。やり遂げられると思います。なぜなら私は焦点が明確で，忍耐強く，決心がついているからです。

コメント：本事例では，小学生における軽度の不適切な行動パターンが示されている。教師は注目を引くことが行動の目標だと考え，さまざまな代替案を生成した。それらは成功を収めている。シールを用いた正の強化は，昔から行なわれてきた。それが「私メッセージ」による正の強化という，新しいアイデアと併用されている。

事例2：ジョーダン

年齢：7歳の2年生です。コカイン乱用の家庭に生まれ，4歳まで身体的虐待を受けていました。今は独身の里親のところにいます。その里親には，他に6人の里子がいます。年上の里子は，11〜19歳です。里子になって2年たちますが，その間に彼は3つの小学校を放校になりました。極度の妨害的行動が原因です。里親が体罰（平手打ち）を加えようとすると，彼は911番に電話します。それによりジョーダンは，3カ月にわたり引き離されます。今では，しつけをされそう

になると「人に言うぞ」と脅しをかけます。

行動：ジョーダンは算数なんてやりたくないと文句を言いながら，教室にやってきます。彼は教科書を机に置くと，立ったままでいます。私は「ジョーダン，ノートを開いて。今日の問題を始めましょう」と言います。「そんなくだらないことはしたくない」と，ジョーダンは答えます。私は数分の時間を与え，課題の準備をしてもらいます。その間に，ジョーダンは他の生徒に悪態をつき始めます。私はジョーダンに，最初の警告を与えます。課題に取り組み始めると，そうした行動は止まります。新しい概念の説明を聞きにカーペットに来ると，彼は大声で解答や関連情報を言います。床を転げ回ったり，概念を理解できていない生徒をバカにします。3回目の警告を受けると，ジョーダンは教室から隔離されます。そのような行動により，私はイライラし，腹が立ちます。

分析：権力。私はジョーダンの行動に腹が立ち，生徒たちに敬意に欠けた態度をとりがちになります。彼は妨害することで私を怒らせ，最後通告をさせているように思います。まだ7歳なのに，そのような極端な行動をとるのは信じられません。ジョーダンには担当の補助教師がいます。補助教師の仕事は，教室から隔離する場合を除き，ジョーダンに教えることです。ジョーダンの行動は，報酬を決めるために15分ごとに記録されます。この観察と報酬のシステムは，効果をあげていないようです。

代替案：コンサルテーションにより，次のようなアイデアが生まれてきました。

- **観衆を排除する**：ジョーダンは生徒たちの前で，教師を困らせようとします（復讐）。教師がそれに乗ると，彼の権力追求が始まってしまいます。
- **権力を認める**：「お前の言うことは聞かないぞ」と彼は言いたいのでしょう。私がそれを認めたら，彼は不意をつかれると思います。「あなたの言う通りよ。あなたに課題をさせることはできないわ。でもそうしないと，あなたは休み時間にやらなくてはいけなくなるのよ」
- **記録**：私が行動を正確に記録して生徒指導チームとシェアするつもりだと，ジョーダンは理解するでしょう。
- **頼み事をする**：ジョーダンは必要とされることを望んでいます。それは彼の自尊感情を高めるでしょう。

- **ジョーダンを無視し，争わない**：すぐ別の生徒に注目します。「観衆の排除」と似ています。
- **記録をつける**：教師が紙を出して，指示に従わないことや，あらゆる行動を記録することを告げます。

勇気づけの技法として，次のものが考えられます。

- **生徒のポジティブな側面**：とても頭がよく，友好的です。
- **行動のポジティブな側面**：楽しもうとします。感情を表現できます。
- **教師－生徒関係のポジティブな側面**：私に愛されていること，目標を達成できると思われていることをジョーダンは分かっています。

コメント：極端に走る生徒の興味深い事例である。生徒の家庭環境と問題は深刻である。彼は全ての大人に挑戦する。教師は勇気づけを含めた，多くの代替案を考えている。補助教師の活用は述べられていないが，実りあるコンサルテーションにつながる部分であろう。

事例3：ケイティ
年齢：7歳の2年生で，私のクラスにいます。

行動：理科の授業で，ケイティは近くにいる子とおしゃべりをします。他の子は目配せや名指しに反応しますが，ケイティは違います。一時的にしか行動を止めないし，私と目を合わせません。私は非常に困惑し，腹が立ちます。私がケイティや周りの子に何をしようと，彼女は行動を一時的に止めるだけで，すぐ再開します。

分析：不適切な行動の目標は，最初は注目を引くことでした。行動が続くうちに，権力闘争の様相を呈してきました。

代替案
- **近くに立つ**：私が話をするときは，ケイティの近くに立ちます。私は生徒たちをカーペットに座らせて，話をするのが好きです。とはいえケイティは，いつも後部に座ります。私から近いところに，彼女の場所を指定するとよい

でしょう。
- **メモ**：授業中に彼女の机にメモを置き，他の子の邪魔をしないことを思い出させます。または授業後に，彼女の行動を心配していることについて，長いメモを書きます。これらはより丁寧なやり方で，問題解決の助けになるでしょう。
- **「あなたにとって，私にとって」メッセージ**：次のメッセージを伝えます。「あなたにとって，理科の授業はあまり大事ではないかもしれない。でも私にとっては，全ての生徒が授業に参加し，学べることが大切なの」。そうすることで，彼女がもっと集中し，他者を邪魔しないでほしいという私の願いを表現できます。
- **話し合いの場**：ケイティの行動について，本人と話し合う機会を作れます。理科の時間の集中力を高める方法を考えてもらえるでしょう。論理的結末も設定できます。例えば，お喋りしていてノートを取っていなければ，休み時間も居残って課題をやり遂げます。なおも不適切な行動が続けば，他の子に話しかけないか，私の脇に座るかを選択してもらいます。それでもうまく行かなければ，「あなたにとって，私にとって」メッセージを使います。最後にはメモを書き，彼女の行動について話し合いを持ちます。私はこの計画をやり遂げられると思います。なぜなら第1に，ケイティは不適切な行動をとりながらも，ポジティブな注目を求めていると確信しているからです。第2に，私の態度が揺るぎないとともに，生徒に注目を与えることが何より大切と思っているからです。第3に，以前のやり方ではうまくいかないと分かったからです。敬意を持って問題を解決するには，私の指導とケイティの自尊心が大切です。

コメント：教師は多くの新しい行動を考案した。自分の長所を用いて，ケイティの行動パターンを変化させようとしている。

事例4：アリサ
年齢：6歳の幼稚園児で，午後のグループにいます。

行動：午後の園児たちは到着すると，カフェテリアの席に座ります。午前の園児が帰るまで，教師のところに行かないことになっています。アリサは毎日このルールを破り，教師に近づいて注目を引こうとします。あるとき，彼女は私のと

ころに来て,「いつ教室に行くの?」と言いました。「決まりだから,座っていてね」と私は答えました。彼女はしばらく席に座っていましたが,それから癇癪を起こしました。5～10分続きました。私は無視していました。でも教室に移動するとき,私が彼女を連れて行きました。彼女は泣き止まず,教室に着いても私の足をつかんで放しませんでした。

分析:最初は注目を引くのが目的でしたが,すぐ権力闘争に変わりました。

代替案:介入方法を考える前に,アリサが育った環境を考えました。彼女は虐待的な家庭で育ちました。彼女は母親から引き離され,接触できない状態です。保護者は父親ですが,祖母と暮らしています。父親は3人の子どもと暮らしていますが,各々の母親が違います。「親と後見人は,いかなる体罰も与えてはならない」と裁判所は宣告しました。行動をコントロールされると,彼女は教師に「誰も私に手を出せないのよ」と確認します。彼女がそう考えているのは不幸なことですが,私は別のやり方で対応できると思います。

- **コンフリクトから手を引き,他の子どもに焦点を当てる**:アリサが権力闘争に誘っても,乗らないようにします。
- **観衆を排除する**:アリサにも他の子のお手本になるような,適切な行動ができることもあります。そのときは私の部屋から出て,教室に戻るように言います。
- **記録をつける**:アリサが教師と協力をしない出来事を全て記録します。コピーを家にも送り,父親や祖母に見てもらいます。
- **子どもの力を信じる**:次のようにアリサに言います。「あなたの言う通りよ。代わりに書いてあげることはできないけど,あなたなら休み時間に仕上げられるわ」
- **教師がネガティブな感情を表出しない**:言語的・非言語的に,ネガティブな感情を表出しないよう努めます。

アリサのよい点は,嘘をつかないことです。誰かを叩いたり蹴っても,それを認めます。(理由なく誰かを叩いたことでも)学校であったことを父親や祖母に隠さず話します。アリサは愛らしい子です。彼女は他の子たちから好かれたいと思っています。抱っこしてもらいに,日に何度も私のところに駆け寄ってきま

す。私の判断を信頼し，自分がしたことの結末を受け入れます。権力という目標のポジティブな面は，とても意志が強く，他者との相互作用を好むことです。

コメント：アリサのような子どもは，家庭環境のせいにされやすい。教師はそのような影響を頭に入れつつ，学校現場で何ができるかを考えている。アリサの長所に注目し，認知的な代替案を創出しているのは興味深い。権力闘争は意志の強さとも捉えられる。

中学生篇

事例5：ジョセフ
年齢：14歳の8年生です。

行動：ジョセフは情緒行動障害（EBD）と診断されています。秋学期になって，私たちの中学に転入しました。最初はとても行儀よく，私の印象はポジティブでした。ですが，間もなく不適切な行動が出現しました。転入から1カ月して，彼は教師への暴力，悪態，脅迫により停学処分を受けました。

私は副校長なので，彼と直接には関わっていません。私の理解した出来事を伝えています。彼は2つの学校を放校となり，父親と継母はこの地区に引っ越しました。これが「最後のチャンス」だと私が言うと，彼は肩をすくめて，「前にも聞いたよ。気にしないさ」と答えました。

ジョセフと関わっている情緒障害学級の教師によると，彼は勇気をくじかれているが，それで消極的にはなっていないそうです。彼は多くの状況を権力闘争にしてしまいます。彼は自分がコントロールできることを示さねばならず，物事がうまく行かないと，皆をみじめにします。例えば彼は宿題を拒否し，誰の指図も受けないと言い張ります。でも私たちは諦めません。彼はケアしてくれる人を求めているからです。またうまく関われば，クラスで成功できる資質を持っていると思います。

スタッフによると，頼めば彼は手伝ってくれるとのことです。例えば，進んでプリントを配ってくれます。またスポーツの話が好きで，特定のチームや選手に詳しいのを誇りに思っています。

分析：ジョセフは能動的・受動的に権力を追求しています。

代替案
- **選択肢の提示**：課題をするか，すでに取り決めた結末を体験するか，彼は決められます。
- **自然な結末・論理的結末**：着席して課題に取りかからない場合，立ったままするか，校長室でするか，選択肢を提示します。
- **役割交換と暫定的質問による代替案**：ジョセフと場所を入れ替わり，尋ねます。もし君が先生で，生徒が課題を拒んだらどうするかと。生徒には課題に取り組んでもらいたいと彼が答えたのには驚きました。

コメント：ジョセフは勇気をくじかれており，不適切な行動の目標は「権力」の誇示である。ここでは彼を公平に扱い，選択から学ぶのを勇気づけている。生徒の過去を不問にし，彼からよいものがもたらされる「かのように」行動した優れた例である。第3のアイデア（役割交換の代替案）が成功したと報告されている。これも教師－生徒関係の中で新しい試みを行なった優れた例である。

高校篇

事例6：ジュアン
年齢：16歳の高校1年生です。

行動：ジュアンは今期，私の歴史の授業を受けています。彼の周りにはフットボール選手，チアリーダー，および「人種差別主義者」とされる生徒たちがいます。彼らは競って注目を引こうとします。フットボール選手たちは，どんなことでもクラスやチアリーダーの笑いをとろうとします。「人種差別主義者」たちは，非常識な発言と「週末に何をしたか」という下品な話で，クラスを不快にさせます。そこにジュアンがいます。

ジュアンはよい生徒です。でも彼は，別のやり方で私の注目を引こうとします。彼は授業中いつも私の話を遮り，すでに何度も話したことを尋ねるのです。彼が特に激しかった日があります。私だけでなく，クラス全体の注目を引きたいようでした。4～5回も遮られると，他の生徒たちも目をぐるぐるさせ，大きくため息をつき，隣の生徒とお喋りを始めました。近くの生徒は，ジュアンがコピーできるようにノートを提供しました。彼が理解できていないとは思いません。

彼は毎日授業に出ており，成績も上位です。私は困惑しています。

　分析：ジュアンの目標は，注目です。私が困惑を感じることに着目すれば明らかです。彼は私に教えさせないようにしています。

　代替案：いくつかの解決法があります。彼がそのようなやり方で注目を引いても，無視できます。最初に遮られたとき，「授業が終わったら，ノートを見て聞き逃したことを教えてあげる」と言います。授業後に見てあげるので，聞き逃したことの質問を書き出しておくようにと求めます。別のやり方で，ジュアンに注目を与えることもできます。彼が挙手したら指名する，よいところを見つけて勇気づけるなどです。彼は頭がよく温厚で，クラスに貢献する多くの資源を持っています。他の生徒が注目されているとき，彼は不適切な行動をするようです。

　次に，私が生徒にどう話しかけるかです。ジュアンに「私メッセージ」で話します。例えば「ジュアン，授業中に何度も遮られると，困ってしまうの。授業範囲が終わらなくなってしまうから。私たちは他のやり方で解決できないかしら？」。「私メッセージ」により，ジュアンと問題や解決法について話し合えます。私が支援しようとしていると分かれば，ジュアンも勇気づけられます。

　ジュアンの長所を見つけます。授業中に自分のよい点を見てくれていたと分かるので，彼には大いに勇気づけとなります。遮らなかった日は，授業後に彼のところに行き，それを伝えます。授業の終わりに彼のノートを見て，しっかり書けているか確認してあげることもできます。

　最後に，ジュアンに手伝いを頼めます。例えば，テレビをメディアセンターに返す，コンピュータがダウンしたとき事務室に応援を呼びに行くなどです。私は授業中，生徒を外に出しません。彼は自分がよいことをして，注目されていると分かります。

　ジュアンと関わる上での私の長所は，世話好き，根気強い，一つのやり方に固執しないことです。私はクラスの生徒と学習環境に注意を払っています。問題はありますが，何とか解決策を見出せると思います。私には根気があります。あるやり方がうまく行かなければ，別のやり方で解決するまで諦めません。クラスの問題を解決するには，生徒だけでなく私も変わる必要があります。こう思えるのも，私の柔軟性です。

　コメント：皆が注目を求めるというクラスのダイナミクスを，教師はよく理解

している。比較的マイルドだが不適切な行動を示す生徒に焦点を当てることで，多くの代替案が生まれてきた。教師は自己の長所に目を向け，生徒にどう適用できるかを探っている。

事例7：ヘイリー
年齢：15歳の10年生です。

行動：ヘイリーは3時間目の地理の授業を受けています。彼女は無関係な質問をして，私の授業を邪魔します。それにより他の27人の生徒にうまく教えられなくなるので，これは教師の問題でもあります。問題が「矯正」されれば，彼女は関係ある質問をするようになり，授業を邪魔しなくなるでしょう。以前は短時間しか問題を矯正できませんでした。30分くらいは控えるのですが，それを過ぎると再開します。

ヘイリーに邪魔されると，私は困惑します。今話しているトピックに関する質問をするようにと，私は答えます。彼女の行動から喚起される感情は，困惑です。したがって不適切な行動の目標は，注目だと思います。未熟な教師である私は，通常の予測される反応を返します。彼女に注意し，止めさせようとします。彼女も一時的に行動を控え，しばらくして再開するという，予測される反応を返します。

分析：行動の目標は注目です。

代替案
・最小限にしか注目しない
・注意をそらす
・適切な行動に着目する

ヘイリーは誰からも好かれる生徒です。とはいえ邪魔する行動を続けると，他の生徒から嫌われてしまいます。そこで勇気づける教師として，彼女の長所に着目することにしました。彼女は進んで手伝ってくれます。ポジティブなやり方で注目が得られるなら，不適切な行動は減るでしょう。

コンサルテーション・グループで3つの提案が出ました。第1は，ヘイリーと面談することです。次のように告げます。地理に関係ない質問があれば，授業以

外の時間にいつでも来てほしい。でも授業は，そのトピックについての時間とする。第2は「私メッセージ」を用いて，ヘイリーの場違いな質問で困っていることを告げます。配慮ができる生徒なので，「私メッセージ」は心に響くかもしれません。第3は私が最も有効と思う方法で，彼女の助力を仰ぐことです。彼女は注目されたいので，それをポジティブに使います。定規を配ったり，宿題を集めたり，雑用を頼みます。彼女は私からポジティブな注目が得られ，他の生徒からも嫌がられません。ポジティブな行動で注目されていると感じられたら，不適切な行動は減るでしょう。

コメント：教師はコンサルテーション・グループで代替案を得られた。教師はヘイリーの注目希求をよく理解し，ポジティブな代替案を探している。彼女は「未熟な」教師とはいえ，すぐに代替案を見出し，勇気づけられている。仲間集団におけるポジティブな行動の活用は，この学年ではとても有効である。

事例8：ジャマル
年齢：14歳の9年生です。

行動：ジャマルは新年度が始まったばかりのある日，代数の課題で問題を起こしました。彼はプリントを丸め，床に投げました。彼は苛立って叫びました。「こんなくだらないもの，やってられるか！」。私はプリントを拾うよう言いました。それから，助けが必要かと尋ねました。私は彼を混乱させるだけであり，助けは無用とのことでした。彼は課題を拒否し，紙を出して絵を描き始めました。私は言いました。強制はできないが，課題は成績に関わる。やらなければ0点になってしまうと。ジャマルは0点で上等だと言いました。彼は結末を理解していましたが，課題に取り組まないことを選びました。

分析：無力の誇示が，権力と復讐に移行したと思います。課題をできないと言い，彼は自信のなさを表明しました。苛立った彼は，課題から逃れようとしました。叫んでプリントを床に投げ，憂さを晴らそうとしました。さらに課題を拒否し，教師である私に怒りと苛立ちをぶつけ，権力闘争を仕掛けました。彼が数学でとても不安になっているのに，私も少し苛立ちました。普段のジャマルは友好的で，美術が得意です。スケッチや工作が大好きです。

代替案：このような状況に対処する，いくつかの方法があります。ジャマルに課題をやり遂げてもらい，私が力になれると分かってもらいたいです。

- **タイムアウトを要請し，落ち着いてもらう**：ジャマルに教室から出てもらえば，観衆が排除され，彼の体面を保てます。課題に取り組む準備ができれば，戻るのを許可します。彼は再挑戦と正しい決定ができます。選択肢を与えれば，自らをコントロールして状況を改善できます。
- **日を改めて話し合う**：彼が落ち着いているときに話し合いを持ち，決定が成績にどんな影響を与えるかを検討します。「私メッセージ」を用いて，彼の成績を心配していると伝えます。それにより審判的にならず，行動の論理的結末を知らせます。また地区の仲間に手伝ってもらい，彼が宿題として課題を完成させられるようにします。これも彼が状況を改善する契機となります。

ジャマルは代数で勇気をくじかれたと感じ，不適切なやり方で感情を表現しました。正誤に関わらず，課題をやり遂げようとする努力を私は勇気づけます。誤答は不問にし，彼自身で直せるようにします。代数は難しい教科であり，多くの生徒にとっても同じだと伝えます。それにより誤答へのプレッシャーが緩和されるでしょう。彼が苛立っているとき，他の生徒に注目されずに私に知らせるための，秘密のサインを決めておくこともできます。

コメント：生徒は代数が分からなくても，懸命に自尊心を守ろうとしている。復讐と権力は仕事タスクへの反応であり，教師はそれを見通している。不適切な行動をとった場合にしか使えない代替案は，解決策として不十分である。難しい教科だと伝えるなど，アイデアのいくつかは即効性がないかもしれない。とはいえ教師のアイデアを尊重し，代替案を探索してもらうのが大切である。また教師は，ジャマルが落ち着いているときにとるアプローチを考えている。

付属ウェブサイトの事例
・事例1
カールソン博士は，幼稚園の先生であるパットと面接した。パットは協力をしないアドルフォに困っている。言葉の壁や不十分な検査をテーマに話し合ってから，有効な代替案の検討を行った。

・事例2

　カールソン博士は，母親とアンディに面接し，家の手伝いなどの問題を話し合った。アンディの行動についてコンサルタントが暫定仮説を提示すると，彼は認識反射を示した。

・事例3

　カールソン博士は小学生のマットと父親に面接し，一日の過ごし方について話し合った。2人ともよく話すので，面接ではどうコンサルテーションを構造化するかが示されている。

・事例4

　ディンクマイヤー博士が，6年生に算数を教えているアン・メアリーと面接した。ジーナという生徒は，教科書を持ってこない。この面接は，コンサルテーションの教育的側面にコンサルティがどう反応するかを示している。

・事例5

　ディンクマイヤー博士が，親コンサルテーションのグループを行った。参加者が協働する様子が示されている。親は共通の問題を抱えながら，子どもの行動についての事例に貢献している。

まとめ

　本章では事例を提示し，これまでの章で取り上げたコンサルテーションの実際を説明した。こうしたアイデアを自身の現場にどう適用できるか，読者は考えてほしい。教師が抱える問題や環境に関わりなく，システム形式による力動的で使いやすい心理学が，教師へのコンサルテーションに有効である。

第10章 コンサルテーションの評価

はじめに

本章では次のことを学ぶ。

・コンサルテーションの進展を評価することの意義。
・評価方法の定義と例。
・ニーズアセスメントの8ステップ。
・データを用いてプログラムと介入を評価する方法。

　教師，親，地域の人々は，困っている問題をコンサルタントに解決してもらいたいと考えている。コンサルティが何をすべきかを分かっていたら，そもそもコンサルテーションを求めないだろう。コンサルタントのアイデアの有用性をコンサルティが信頼していれば，課題解決のために提案を実行する可能性が高まる（有能なコンサルタントの特性については第2章を参照）。有意義な変化が起こっていると気づいたコンサルティは，コンサルタントに感謝する。コンサルテーションの成果に双方が満足したから，こうした言葉でのフィードバックが生じたのだろう。とはいえコンサルティの感謝だけでは，もはやアカウンタビリティ（説明責任）を果たすには不十分である。アカウンタビリティを重んじる現代では，より多くの方法でコンサルテーションの有効性を示す必要がある。

アカウンタビリティ

　コンサルタントは，学校と地域コミュニティへのアカウンタビリティを負う。それは自分がした公約を達成できたかを明示することである。教師，親，家族を支援するコンサルタントは，実践の有効性をどう評価・報告するかを知っておく必要がある。彼らは生徒の人生に大きな影響を及ぼすためである。
　コンサルタントが成果の評価方法を知るべきなのは言うまでもない。だが，どこから開始すべきかが分からないかもしれない。それについて，アメリカ・スクールカウンセラー協会（ASCA）がガイドラインを示している。

第 10 章　コンサルテーションの評価

　アカウンタビリティはASCAの全米モデルに取り入れられ，（実践の基盤づくり，マネジメント，遂行とともに）包括的スクールカウンセリング・プログラムの構成要素の1つに位置づけられる。専門スクールカウンセラーは，学校やスクールカウンセリング・プログラムのデータを分析し，プログラムによって生徒がどう変わったかを示す必要がある（ASCA, 2012）。コンサルテーションはスクールカウンセリング・プログラムにおける，生徒への間接的サービスの中核となる。さまざまな方法でコンサルテーションを評価できる。

評価

　以下のように，さまざまな評価の定義がある。

- 包括的で意図的
- データを収集・分析するプロセス
- アカウンタビリティを果たし，プログラムと介入の有効性を裏づけ，改善した部分を明確化するために用いる

　コンサルタントが評価者としての自覚を持つと，進んでコンサルテーションのデータを調べ，報告するようになる。それにより，どんな介入が有効かを理解できる。
　プログラムや介入の効果やアウトカムを検討することで，有効性を評価できる。クラス運営について教師にコンサルテーションを行った場合，どうしたら介入の効果が分かるだろうか？
　『データを活用する』（Kaffenberger & Young, 2013）（未邦訳）という本に出ている提案を，コンサルタントは取り入れるとよい。著者らはデザイン，質問，調査，報告の4段階でデータを活用し，介入を評価することを推奨する。それによりスクールカウンセラーは目標を設定し，データの分析方法を決定し，結果を共有する最善の方法を理解できるようになる（Kaffenberger & Young, 2013）。
　プログラムや介入の効果とアウトカムを評価するには，いくつかの方法がある。ここではプロセス評価，知覚評価，アウトカム評価を概説する。

プロセス評価

　プログラムや介入の遂行状況を調べ，その継続性と質を保証することが大切で

ある。プロセス評価は，介入期間に何を達成したかの記録となる（Dimmitt, 2009）。コンサルタントはコンサルティに，介入の対象者数と回数を調べ，報告するよう勧める。例えばあるコンサルティは，新たなクラス運営の介入を行ったと報告した。担当する5クラスの生徒に対して，11月の3週にわたり，始業前と終業後に行動チャートの記入を求めた。それにより，誰がどのくらいの期間の介入を受けたかについて，重要な情報が得られる。

知覚評価

知覚評価は，プログラムや介入の短期的効果を調べるために用いる。知覚評価では実施前後のテスト，アンケート調査，インタビューなどを用いてデータを収集する。例えばコンサルタントは，次のようにコンサルティに質問する。

- コンサルテーションを通して，どんなアイデアやスキルを学びましたか？
- コンサルテーションを受けて，何をやってみようと思いましたか？
- その介入について，どう思っていますか？

得られた情報から，介入が意図した効果をもたらしたかが分かる。効果がなかった場合でも，今後の介入計画を練るために情報を活用できる。

アウトカム評価

アウトカム評価では，プログラムや介入の効果を測定する。それにより，うまく行った部分とそうでない部分が見えるようになる。情報源は複数あることが望ましい。例えば学業成績，出席状況，問題行動，進級率，卒業率などの全校データを収集し，アウトカム評価を行う。

ニーズアセスメント

評価の第一歩は，対象とする人々のニーズを理解することである。何に努力を傾注すべきかを知りたい場合に，コンサルタントはニーズアセスメントを実施する。ニーズアセスメントの情報源は，複数あることが望ましい。例えば学校や地域の人々のデモグラフィック要因，（教師，生徒，親など）当事者へのインタビュー調査がある。学校や地域コミュニティで提供されるサービスを総合的に検討することも，ニーズアセスメントに含まれる。それによりリソースとニーズの現

状を理解できるため，漫然と同じ試みを繰り返すより，効果の高い介入を計画できる。

ニーズアセスメントの8ステップ

コンサルタントは次の8ステップにより，ニーズアセスメントを実施できる。各ステップはチャートと質問で構成される。

◆ステップ1：目的の理解

ニーズアセスメントのステップ	収集する情報
・ニーズアセスメントから何を学びたいか？ これがあなたの目的となる	目的：
・どんな人々を対象とするか？ 親，教師，生徒など，誰のニーズをもっと知りたいだろうか？	対象者：
・ニーズアセスメントの財源や利用可能なリソースは何か？ 人的資源（スタッフ），財源（物品，設備），政治的資源（政治的指針，支持者）など	人員： 財源： 政治的資源：
・当事者は誰か？ 影響力を行使したり，意思決定をするのは誰か？	当事者：
・運営委員会に入ってくれそうな人々は誰か？ ニーズアセスメントを公式・非公式に指導・監督してくれるのは誰か？	運営委員会：
・ワーキンググループに入ってくれそうな人々は誰か？ 誰がデータを収集・分析するか？	ワーキンググループ：

◆ステップ2：収集した情報の理解

ニーズアセスメントのステップ	収集する情報
・あなたの学校や学区で，どのようにデータを収集するか？ 例えば，ニーズアセスメントを実施するには誰の承認が必要か？アンケート調査を行うには，親の同意が必要か？データをどのように処理するか？データからどのように結果を導くか？	データ収集のプロセス：
・どの領域に焦点を当てるか？ あなたはニーズアセスメントにより，何を知りたいか？例えば生徒の学業成績，クラス風土，不適切な行動，その他の問題など	ニーズアセスメントの領域：＿
・その領域に焦点を当てるために，学校や地域コミュニティで，どんな介入やサービスを提供できるか？ 教師，生徒，親，その他の当事者に提供できるサービスを考える	教師への支援： 生徒への支援： 地域の人々への支援： その他の支援：
・現行のサービスや介入は，どんな効果をもたらしているか？ うまく行っている部分とそうでない部分，サービスの届いていない部分を明確化する。誰のニーズが充たされていないか？	うまく行っている部分： うまく行っていない部分： サービスが届いていない部分： ニーズが充たされていない人々：

第10章　コンサルテーションの評価

◆ステップ3：すでにある情報と収集すべき情報を明らかにする

ニーズアセスメントのステップ	収集する情報
・生徒たちの成績表を確認する。焦点を当てる領域について，どんな情報が得られるか？ 集約データは，対象者全体の特徴を示す。細分化データは，民族，ジェンダー，社会的・経済的地位など，特定の構成要素に分けられる	集約データ： 細分化データ：
・焦点を当てる領域について，全校生徒の成績表からどんな傾向が読み取れるか？	集約データ： 細分化データ：
・スクールカウンセリング・プログラム，学校，学区のウェブサイトを閲覧する 焦点を当てる領域について，ウェブサイトからどんな情報を得られるか？	ウェブサイト・データ：
・焦点を当てる領域について，どんなデータが既に収集されているか？ プロセス・データは活動の成果ではなく，対象とした生徒や集団の数，クラスへの訪問回数など，活動に関する数値による評価である。例えば，プログラムや介入に参加した生徒数。 知覚データは，生徒らが見たり感じたこと，得られた知識，身についたビリーフ，態度，能力を測る。例えば，プログラムや介入の前後にアンケート調査を行う アウトカム・データは，プログラムや介入を通して個人がどう変化したかである。例えば学業成績，出席状況，行動変化などの情報を収集する	プロセス・データ： 知覚データ： アウトカム・データ：
・焦点を当てる領域について，当事者はどう言っているか？ その領域について，生徒，教師，親，スクールカウンセラー，スクールサイコロジスト，地域の人々はどう思っているか？	生徒： 教師： 親： スクールカウンセラー： スクールサイコロジスト： 地域の人々： その他：
・さらに収集が必要な知覚データを明確化する どんな知覚データを，誰から収集すべきか？ 得られたデータから，何を知りたいか？	どんなデータ： 誰から： 知りたいこと：

◆ステップ4：方法をデザインする

ニーズアセスメントのステップ	収集する情報
・どんなデータ（情報）を収集するのが有用と思うか？ 有用なデータは，対象者のニーズに関する貴重な情報源となる。	有用なデータ：
・デモグラフィック変数やリッカート尺度など，どんな量的データを収集したいか？ 誰がこうした調査を行うのか？調査方法は既成のものか，それともあなたがデザインするのか？	量的データ：
・インタビューや観察など，どんな質的データを収集したいか？ 誰がインタビューや観察をするのか？　インタビューの質問項目や観察の手順は既成のものか，あなたがデザインするのか？	質的データ：
・あなたがニーズアセスメントで用いる，方略とデザイン（方法論）は何か？ （例えばインタビュー項目や調査の対象者など，データをどう収集し，誰の知覚をアセスメントするかを説明する	方略とデザイン：
・いつニーズアセスメントのデータを収集するか？ ニーズアセスメントの時間枠を提示する	時間枠：

◆ステップ5：ニーズアセスメントのデータ収集

ニーズアセスメントのステップ	行動計画または収集する情報
・実施アセスメント1は，アンケートなどの量的調査でも，インタビューなどの質的調査でもよい 必要に応じて，実施するアセスメントを増減する	実施するアセスメント： アセスメントの目的： アセスメントの実施者と対象者： いつ実施するか：
・実施アセスメント2は，アンケートなどの量的調査でも，インタビューなどの質的調査でもよい	

第 10 章　コンサルテーションの評価

◆ステップ 6：得られた知見

ニーズアセスメントのステップ	行動計画または収集する情報	知見に基づく目標
・ニーズアセスメントで得られた知見を整理する 必要に応じて，記述を増減する	知見：	
・知見を重要度で順位づけする。 ・知見に基づき，SMART 目標をつくる S：特定の問題（Specific Issue） M：測定可能（Measurable） A：達成可能（Attainable） R：目標とする結果（Results Oriented） T：期限（Time Bound） （詳細は ASCA 全米モデル（2012）を参照）	最も重要な知見	SMART 目標として知見を記述する
	2 番目に重要な知見	SMART 目標として知見を記述する
	3 番目に重要な知見	SMART 目標として知見を記述する

◆ステップ 7：目標を学校の優先事項に適合させる

ニーズアセスメントのステップ	収集する情報	目標と ASCA 全米モデルのつながり	目標と全米共通コア科目のつながり	目標とスクールカウンセラー・アドボカシー全米事務局（NOSCA）による進学・キャリア準備項目のつながり
・重要度順に目標を挙げる 必要に応じて増減する	目標 1			
	目標 2			
	目標 3			

◆ステップ8：ニーズアセスメント結果の報告

ニーズアセスメントのステップ	行動計画または収集する情報
導入	・ニーズアセスメントの目的を説明する ・あなたは何を知りたかったのか？ニーズアセスメントの質問項目を挙げる ・対象とした人々について説明する ・調査の当事者，校内の下位集団，リソースについて話す ・運営委員会とワーキンググループを紹介する
方法	・どんな方法で評価項目を作成したかを説明する ・調査デザインの論拠を説明する ・成績表などの情報源から得られる，集約的および細分化データを説明する ・知覚データの収集法を説明する。質的データか，量的データか，その両方か？ ・どんな方法でデータを収集したか説明する －プロセス（効果を及ぼした生徒の人数） －知覚（事前・事後のアンケート） －アウトカムまたは結果（学業成績，出席状況，行動の変化） ・強みと限界 －あなたが行ったニーズアセスメントの強みを説明する －あなたが見出した知見を読んだ人々に伝えたいことを述べる －限界についても言及する ・ニーズアセスメントを実施することで，何を学んだか？
主な知見	・ニーズに順位をつける。知見を重要度順にリストアップするとともに，既存のプログラムの内容と関連づける ・ニーズが学校の優先事項にどう当てはまるかを説明する
提案	・目標を明確かつ具体的に定義する。例えば，誰に報告するか，行動，条件，遂行の程度など ・行動計画では，適切なプログラムや介入法，コンサルテーションの効果を示す方法について提案を行う
まとめ	・プロセス，結果，提案を俯瞰的視点で整理し，学校，委員会，親などに向けて発表する
巻末資料	アンケート用紙などのデータ収集に用いたツールや，対象者への質問項目を載せる

プログラムと介入の評価

　コンサルタントはニーズアセスメントで収集した情報を用いて，介入を実施する。ニーズ，重要度，目標が明確になれば，介入方法が見えてくる。とはいえ，評価はニーズアセスメントで終わるわけではない。むしろコンサルタントはプロセス，知覚，アウトカムのデータ収集を継続し，実施したプログラムや介入の効果を明らかにする必要がある。以下にこれらの方法を用いて，親教育プログラムをどう評価するかを示す。

親教育プログラムの評価

　コンサルタントは親を支援するに当たり，エビデンスに基づく実践をする必要がある。多くの親教育プログラムが存在し，依拠する理論，目標，アウトカムもさまざまである。コンサルタントは親教育プログラムを評価し，文化や発達段階の視点から適切なものを決定する。親教育プログラムをアセスメントするには，次のステップを用いる（Jacobs, Kapuscik, Kates, & Williams, 2001; National Parenting Education Network, 2015)。

- ニーズアセスメント
- モニタリングとアカウンタビリティ
- プログラムの詳細な検討
- アウトカムのアセスメント
- プログラムの効果判定

ニーズアセスメント

　親教育プログラムを評価する第一歩は，対象とする人々のニーズを知ることである。対象となる人々を支援するためにどの介入法を選択すべきかを，ニーズアセスメントは教えてくれる。

モニタリングとアカウンタビリティ

　21世紀の学校は包括的な経営情報システム（MIS）を活用し，全校・学年・個人レベルの情報を調べ，報告している。今日では小〜高の生徒情報を管理する，150を超えるソフトウェア製品が出ている。これらのシステムを用いて，特に生徒と教師に大きな影響を及ぼす変数である，学業成績，出席状況，行動，ク

ラス運営などのデータを収集する。親教育プログラムを作成するには、親の参加の程度、親と学校の相互作用、クラスでの相互作用に関するデータもあるとよい。その学校のデータを、地方や州全体、全米の値とも比較できる。親、教師、管理職、生徒、地域の人々にインタビューやフォーカスグループを行って質的データを収集すれば、当事者のプログラムへの期待を知ることができる。

プログラムの詳細な検討

プログラムが何に焦点を当てるかを明確化し、ロジックモデルを作成するためにデータを収集できる。ロジックモデルは、プログラムの準備、デザイン、実施、評価へと導いてくれる（Patton, 2008）。質的データ（インタビュー、観察、フォーカスグループ）と量的データ（アンケート調査、MIS）の両方が、このプロセスで用いられる。ロジックモデルにより、プログラムの内容（何をするか）と時間枠（いつ実施するか）を重要な当事者に伝えられる。このプロセスでは親、教師、管理職、生徒が目標を設定したり、個人や家族の成長を報告するようになる。

アウトカムのアセスメント

プログラムの実施初期に MIS データ、インタビュー、アンケート調査などを用いて進展を評価するのは有意義である。評価者は観察や親による自己評価ツールを用いて、進展をチェックできる。例えば「重要な育児実践に関する全米親教育モデル（Smith, Cudaback, Goddard, & Myers-Walls, 1994）」に基づく「親用自己評価尺度（Edgmon, Goddard, Solheim, & White, 1996）」は、いくつかの育児領域（セルフケア、理解、導き、養育、動機づけ、権利擁護）における強みと弱みを測定する。また「教育者としての親インベントリー（PAAT; Strom, 1995）」は、いくつかの領域（創造性、欲求不満、コントロール、遊び、教育と学習）における親子間の相互作用を測定する。その他の質問紙を親、教師、管理職、生徒に実施し、親教育プログラムの進展を評価することも可能である。

プログラムの効果判定

コンサルタントはロジックモデルに記されたアウトカムに基づき、複数の指標を用いて親教育プログラムの効果を判定できる。そうした指標としてインタビュー、観察、親や生徒へのアンケート調査が挙げられる。MIS データを用いて出席状況、学業成績、行動をアセスメントすれば、プログラムが生徒の学校体験に

どんな潜在的影響を及ぼしうるかが分かる。次のデータを比較しても，有益な情報が得られる。

- 親教育プログラムに参加した親
- （非公式な育児に関するリソースなど）それ以外の介入を受けた親
- 親教育プログラムにすすんで参加しなかった親

各群のデータを比較すれば，プログラムがどんなアウトカムをもたらすかについて，コンサルタントは理解を深められる。

プログラム評価を繰り返し行うことで，プログラムのデザイン，実施法，改善点について有益な情報が得られる。親教育にはさまざまな理論があるため，コンサルタントは対象とする人々のニーズをよく理解する必要がある。それにより，現場のニーズに適したプログラムを選択できるようになる。

まとめ

コンサルテーション関係において，評価は不可欠である。コンサルタントはプロセス評価，知覚評価，アウトカム評価など，さまざまな評価法を活用できる。ニーズアセスメントは学校で行われているとサービスとそこに不足した部分を鮮明に浮かび上がらせる。それにより，どこに資源を集中すべきかを判断できるようになる。アカウンタビリティを果たすためにも，プログラムや介入の期間を通して評価は不断に行われるべきである。

振り返りの質問

1. どんな理論に基づき，コンサルタントは評価を行うのか？
2. プロセス評価とは何か？
3. 知覚評価とは何か？
4. アウトカム評価とは何か？
5. ニーズアセスメントの8ステップとは何か？
6. 親教育に役立つ情報を得るため，評価をどう活用できるか？

資料1

ビデオセッションの逐語録

親と教師に対する，実際の個人・グループ面接をオンラインで視聴できる。以下にアクセスし，関連するウェブサイトを選択してほしい。https://www.routledge.com/9781138910256

これは4番目のコンサルテーション動画の逐語録である。ケースはアン・メアリーという6年生の算数教師と，生徒のジーナである。セッションでは効果的なコンサルテーションの構造と，コンサルテーションの教育的性質を示している。コンサルタントと教師の言葉に番号を付けた。コンサルタントのコメントも聴くことができる。

C1：こんにちは，アン・メアリー。ドン・ディンクマイヤーです。
T1：こんにちは，はじめまして。
C2：はじめまして。ご協力ありがとう。15分くらいお話をしたいと思います。あなたは担任教師あるいは補助教師ですね。困っている生徒を挙げてもらい，その生徒について役立つことを一緒に探したいと思います。
T2：分かりました。面白そうですね。
C3：誰か心に浮かびますか？
T3：はい，浮かびます。今，私はLDリソースルームで教師をしています。教室に入り，子どもたちと関わったり，チームティーチングをします。教室から連れ出して，小グループに関わったりもします。心に浮かぶ子どもが1人います。特別支援教育を受ける診断をされていて，どの科目も落第しています。でも私と彼女の担当教師は，彼女の援助に難しさを感じています。というのも，彼女はいつも授業の準備をせず，遅刻し，ノート，教科書，宿題，全てを忘れ

てきます。私がチームティーチングで入っている授業に彼女が移ってきたので，イライラしています。援助したいのですが，何もやってこないのなら，援助できません。

C 4：ワークしがいのある事例ですね。彼女の名前は……。
T 4：ジーナです。
C 5：名前はジーナですね。何年生ですか？
T 5：6 年生です。
C 6：分かりました。6 年生のジーナですね。そしてあなたは算数教師で，チームティーチングをしている。
T 6：ええ。
C 7：最近，このパターン，難しいなと感じることが起こったのを思い出せますか？ ビデオを映写したら，何が見えますか？ 何が聞こえますか？
T 7：ビデオを映したら，興味なさそうにしている生徒が見えるでしょう。彼女……のような子が……学校にいて，社会性のある友達を見ています。彼女は勉強やクラスの作業に集中できないのです。
C 8：6 年生というと，11 歳か 12 歳ですか？
T 8：11 歳です。
C 9：遠慮がちではありませんか？
T 9：いいえ。それが問題ではないかと私は思うのです。というのも，特別支援教育を受ける子どもは，システムに入ると，そこから出してもらうために，誰かに依存的になるのです。……それによってある程度は援助できるのですが。彼らは学習障害ですが，援助できないわけではないのです。
C 10：なるほど……言い得ていると思います。でも，このような生徒たちは収監や仕事から逃れようとするとあなたは言われました。「私に期待しないで。何もできないと証明済みなんだから」というわけです。あなたの非言語的な頷きもそれを示していると思います。それはジーナの頭の中でも起こっているのではありませんか？ つまり「ねえ，なぜ私に期待するの？ 私はできる子ではないのよ」と言っていませんか。
T 10：そうかもしれません。最初に彼女が入ってきたときは，本当に頑張ろうとしていたんですが。
C 11：ちょっと待ってください。彼女は頑張ろうと「していた」？
T 11：彼女は別の算数の授業を受けていました。私たちは彼女の問題を発見し，個別教育プログラムを作成しました。算数障害と見なされた彼女は，私の

算数授業に移されました。10月半ばでした。私は彼女に会い，移された理由を説明しました。彼女は構わないとのことでした。彼女は新しい環境で頑張ろうとしていました。また私を喜ばせようとしていました。でも1カ月ほどすると，やめてしまいました。

C 12：やめてしまった。なるほど。

今日か昨日あった特定の出来事，エピソードを思い出してみましょう。

彼女は課題をやらない，または滅多にやらないとのことでした。何か1つの出来事を教えてください。あなたはどうしたのか，彼女は何を言ったのか。台本のようにそのまま読んでみてください。

T 12：分かりました。例えば，算数の教科書です。彼女は算数の教科書を持ってきませんでした。

C 13：最近それが起こったのは……。

T 13：誰かが彼女の教科書を盗んだのです。

C 14：最近？ 起こったのは？

T 14：月曜です。

C 15：月曜に，誰かが彼女の教科書を盗んだと？ それで，彼女はあなたにどう言いましたか？

T 15：彼女は言いました。授業に入った時点で，皆は小数の掛け算……割り算ができるようになっていたと。

私は言いました。「ジーナ，教科書はどこなの？」

「分からない」

「ロッカーの中なの？」「いいえ」「机の中なの？」「いいえ」「家に置いてきたの？」

「違うわ，誰かに盗まれたの」。私が言ったのは……

「なぜ彼らがあなたの教科書を盗むのかしら？」

C 16：なるほど。

T 16：10月以降，このようなことが何度もあります。彼女は準備ができていないと，「忘れた」「家に置いてきた」と言います。今では言い訳も尽きて，「誰かに盗まれた」なのです。私のとった解決策は，そこに座らせておかず，予備の教科書を借りさせることでした。彼女に貸し出すのです。それから次のように言います。「一生懸命に探すのよ。または新しいのを買うことね」。

C 17：彼女はどうやって借りを返そうとしたのですか？

T 17：彼女はびっくりしていましたが，次の日，教科書を持ってきたのです。

何と，教科書が出てきたのです。

C 18：それは奇跡だ。教科書が出てきたとは！
　彼女が入ってきて，教科書がなかったときのことに戻りましょう。そのときに戻って，どう感じたかを教えてください。……彼女が入ってきます。算数の教科書を持っていません。あなたにそのことを言います。選択肢を4つ挙げますね。ジーナに対して，①困ったと感じる，②怒りを覚える，③傷ついたと感じる，④諦めを覚える。算数の教科書が見つからないとき，あなたが感じるのは，4つのうちどれに近いでしょうか？

T 18：困ったと感じます。

C 19：だとしたら，とても役に立つ技法があります。カードとペンをお貸しします。私にアイデアがあります。
　少なくともそのとき起こっていることですが，彼女の行動の目標は，注目を引くことだと思います。書き留めてください。そのとき彼女は，あなたに注目してもらいたがっているのです。あくまで一時的な仮説ですが。
　もう1つ興味深いのは，うまく行く行動はやめられません。それでジーナは……。

T 19：おっしゃる通りです。まさしく……。

C 20：そう，これはうまくいく行動をやめられないケースです。私が銀行に行って，100ドルちょうだいと言います。何も聞かれずそれが貰えるとすれば，お金が必要になればそこへ行こうと思うでしょう。生徒はいつも相互作用を求めています。……彼らは居場所を見つけ，アン・メアリーのような素晴らしい先生の近くにいたいと思うのです。大きな集団では，創意工夫を働かせるようになります。「本がなくなっちゃった。猫が食べちゃったの」みたいに。……うまくいく行動を使うのです。私は先ほどの4つの選択肢から，彼女が追求している不適切な行動の目標を見つけようとしました。彼女は注目を引こうとしていた。重要な情報です。書き留めてもらえますか，うまく行く行動はやめられないと。それでアン・メアリー，使ってみたいアイデアがあります。不適切な行動が生じたとき，「ストップ」させたいものと「スタート」させたいものがあります。「ストップ」は，あなたが言い訳に耳を貸さず，予備の教科書を与えたことに該当します。素晴らしかったと思います。それでうまく行きましたね？

T 20：はい。

C 21：それはよかったと思います。でも，ジーナの行動にはメッセージが隠れ

ています。Tシャツを着ている彼女を想像してみましょう。そこには「私を認めて」「私を見て」と書かれています。彼女は注目してもらうために何かを使います。それで，彼女を認めてあげられる時はありますか？ それを書き留めるとよいでしょう。「そんなこと1日に85回もやっているわ。ビデオにも撮っているわ。それなのに彼女は86回やれというの！」と思うかもしれませんが。

T 21：はい，正の強化はずっとやってきました。彼女の誕生日には，私の部屋に呼んで，リーズのチョコなどをあげました。「お誕生日おめでとう」と言葉をかけました。宿題をちゃんと提出したときは，「ジーナ，よく頑張ったわね」と言いました。休み時間から戻ってきたときは，「休み時間はどうだった？」と聞きました。「さようなら」と毎日言っています。できる限りの正の強化をしています。彼らは成績が振るわないのですから。

C 22：それはいいですね。試みただけでなく，継続しています。他にできることですが……あなたは学ぶことに興味がありますか？ 教師であるあなたは，学ぶのが好きですか？

T 22：もちろんです！

C 23：ここで学べるのは，行動の目標です。……1つはここでのジーナに当てはまるように，注目を引くことです。正の強化に関連して，もう1つあるのですが，彼女の動機づけを高めるために使ってみますか？

T 23：はい。

C 24：もう1つあなたに考えてもらいたいのは，勇気づけと呼ばれるものです。勇気づけの考え方について，あなたに伝えたいことがたくさんあります。というのも，ジーナは勇気をくじかれた子どもとして，自分を見ているからです。もしあなたが彼女の立場にいて，ラベルを貼られたら，とても勇気をくじかれるでしょう。ノーベル賞を授与されるわけではないのです。人生の方向を変えられてしまいます。それが正の強化に加えて，書き留めてほしいことです。どちらも諦めないでください。あなたの普段の関わりの中で，ジーナや他の生徒たちを勇気づける方法を考えてもらいたいのです。それが勇気づけです。生徒が動かなければ，勇気をくじかれていると考えます。ここから別の場所に移るには，勇気を要します。ジーナを勇気づける方法を書き出してみましょう。勇気づけは動機づけを高める技法ですが，多くの教師が慣れていません。教師は勇気づけを考えたり話題にもせず，「そんなものいらないよ」と言います。でも勇気をくじかれた子どもに，とても強い影響力があります。ドライカース先生は面白いことを言っています。「手の施しようがない人にも，勇気づけはで

きる（even the incorrigible are encourageable）」と。また「植物が水を必要とするように，子どもは勇気づけを必要とする」と彼は言います。今日の教室で起こっていることの1つは，水あるいは勇気づけの不足です。それゆえに，私たちは話せることがたくさんあります。ジーナの強みを1つ挙げてください。

T 24：強みというと？

C 25：長所は何でしょうか？

T 25：彼女は文章と絵が得意です。彼女は素晴らしいアーティストです。

C 26：創意工夫して，彼女が自分の長所や強みを活かせる方法を見つけましょう。それが勇気づけになります。どの状況でもできるわけではないでしょう。でも，それは彼女の長所や強みを認め，活用できるようにする方法です。自分の強みが勇気づけとなります。

まとめに入ります。6年生の素晴らしい事例でした。教科書を持ってこない行動の目的は，少なくともこの時点では，「ねえ，私を見て」というサインでした。あなたはそれに乗りませんでした。「別のやり方で教科書に取り組みなさい」とあなたは言いました。でも，あなたは「ジーナを認める」方法を探してもいました。そして，勇気づけは子どもからすごい力や運動を引き出しますが，彼らの興味……関心が重要になります。算数については検討できませんでしたが，少し時間を作れば，考えることができます。

締めくくるに当たって，私は関わった先生に聞くようにしています。「私は……を学んだ」「私は……するつもりだ」など，対話から自分が学んだことを1文か2文で述べてください。

T 26：ジーナの行動は，注目に関係していたことを学びました。これからは，彼女を勇気づけることの大切さを理解し，彼女の強みを授業や宿題に取り入れ，自己コントロール感を高め……

C 27：エンパワーされる感覚や所属感を高め……でしょうか？　他によい言葉が見当たりません。ご協力に感謝します。ありがとうございました。

T 27：ありがとうございました。

資料2

Cグループの概要

はじめに

　「Cグループ」は学校における3つの専門職，すなわちカウンセラー，管理職，教師に関わっている。Cグループのような教師教育プログラムや校内研修はほとんどない。その構成要素は，「コラボレーション」「コンサルテーション」「明確化」「直面化」「思いやり」「守秘」「コミットメント」「コミュニケーション」「変化」「凝集性」である。

　グループは対話（新しいスキルの教育）と体験（感情の共有）である。行動の目的の分析，強みの発見，変化に向けた決意を含むプロセスで，問題の共有がなされる。

　コンサルタントは，Cグループで教師と関わる目的と意義を深く理解すべきである。例えばカウンセラーは，規律違反をした生徒をよくリファーされる。教師グループで問題解決スキルを学ぶことで，教師は「生徒を治してもらおう」と考えなくなるので，リファーの件数は減るだろう。

　クラスにおける行動上の問題は，対人関係が基底にある。生徒は，教師－生徒関係の半分を表している。それゆえ関係のもう半分である，教師との関わりが大切になる。教師間および教師とカウンセラーのポジティブな相互作用を促進できれば，Cグループは間接的に数百人の生徒に影響を与えられる。生徒や学校の構成員に対するカウンセリングや心理的サービスは，各々が独自の意義を有する。教師グループは，教師向けサービスの唯一の直接的・具体的なエビデンスとなりうる。こうした観点から，コンサルタントは自らが行うグループの意義を管理職や教職員にアピールすればよい。

管理職によるグループへの支援は不可欠である。校長はグループの目的と意義を理解し、人々に参加を勧めるべきである。Cグループは教育的性格を持ち、自由参加を強調する。管理職の視点から、Cグループはクラスでの問題行動を減らすために有用な訓練と言える。教師によるしつけの効果も高められる。生徒の動機づけを高めたり勇気づけるなど、効果的な教育法も取り上げる。

　教師自身も、グループの性質を十分に理解すべきである。Cグループなどのサービスは、サイコセラピーや効果のない教育法を提供していると、教師から誤解されやすい。実際には教育、経験の共有、共通の困難の解決に役立つ、有意義な実験場である。

Cグループの実施

　Cグループは4～6名の教師が、週1回に1時間の会合を、少なくとも6～8週にわたり行う。始業前、昼休み、空き時間、終業後などの時間に実施する。時間・場所の確保、スケジュールや業務の調整には、管理職の支援が不可欠となる。Cグループは感受性訓練のグループでも、管理職に頼まれて「悪い」教師を直す場でもない。最初のグループは、校内で社会的影響力のある人物を含め、さまざまな部署の教師に参加してもらう。

　教師の集まる機会に実演と説明をすれば、関心を喚起できる。理解と関心をじっくり育てていくことが大切である。参加者は全ての会合に出席する必要がある。グループが始まれば、新しく参加者を入れない。関心ある人には、次の期に参加してもらう。

　Cグループでは、経験、立場、スキルを異にする人々が交流する。参加者に共通するのは、同じ学年の生徒と接していることである。年齢・学年で同じような行動的問題が生じるため、教師は自分のクラスに引きつけて考えやすい。

　グループの開始時に、コンサルタントはアドラー心理学における不適切な行動の理論を説明する。不適切な行動の4つの目標（注目、権力、復讐、無力の誇示）と、それに対する教師の反応は、参加者全員が理解すべき基礎知識である。参加者はそれを共通基盤として、生徒の行動を理解できる。

　コンサルタントは次のガイドラインの遵守を呼びかけることで、グループを構造化する。

・トピックに沿って話す
・話し合いに参加する

- 時間を共有する
- 急がずに，一歩ずつ
- 互いを勇気づける
- 自分の行動に責任を持つ
- ここで話された内容を口外しない
- 決められたレポーターがリーダー役を務める

共有された知識に基づき，不適切な行動に関する問題を解決することが次の課題となる。各回で参加者が生徒の行動の問題を報告する。

Cグループでは次のことを学ぶ。

- クラスでの不適切な行動を射程とした人間行動の理論
- 不適切な行動の目標を明確化する技法
- 教師自身の感情や反応に基づいて，不適切な行動の目標を理解する。例えば「困惑」という反応は，「注目」という不適切な行動の目標を示している。人間行動の原理とシステムを理解すれば，不適切な行動の目標が見えてくる。それにより教師は「答え」を得られる
- 意図しないまま不適切な行動の目標を促進しないよう，対応を検討する。不適切な行動への対処法を知らないと，こうした意図せぬダイナミクスで困ることになる。権力志向の不適切な行動に権力や罰で対抗すると，生徒は「権力こそが重要だ」というビリーフを強める。注目を志向する不適切な行動に注目を与えると，生徒の目標を充たすことになる
- 不適切な行動を伴う出来事を共有するとともに，目標を明確化し，対応を検討する手続き
- 言葉で命令すれば，生徒は変わると思い込んでいる教師もいる。生徒とのコンフリクトは，教師自身が変わる機会でもある

コンサルタントは最初に内容を分かりやすく説明してから，問題解決と実行へとグループを導く。各参加者に10〜15分を割り当てる。具体的な出来事やエピソードを提示し，グループで検討する。リーダーが問題解決を引き受けるのではない。参加者が協働するのを，リーダーはずっと勇気づける。参加者は問題解決と，具体的で有効な助言をする能力を発達させる。「Cグループ」という名称は，効果の要因が「C」の頭文字であることに由来する。

- コラボレーション（Collaboration）：参加者は互いを思いやり，協働する。グループに優位－劣位の関係性はなく，リーダーと参加者も対等である。グループに参加するのは相互援助のためである。
- コンサルテーション（Consultation）：参加者は互いに助言する。リーダーとの相互作用により，参加者は生徒との新しい関わり方に気づくことができる。
- 明確化（Clarification）：参加者は互いのビリーフと感情を明確化する。さらに行動，ビリーフ，感情が一致しているかを指摘する。
- 直面化（Confrontation）：直面化により現実的で率直なフィードバックがなされるなら，実りあるグループとなる。参加者は自分自身の目的，態度，ビリーフを見つめるとともに，互いの心理への気づきを直面化することが期待される。参加者が直面化するのは，相手の能力を高めたいからである。
- 思いやり（Concern and caring）：グループは思いやりとケアの場である。思いやりを基盤に，協力，助言，明確化，直面化が行われる。それにより参加者と生徒の能力が引き出される。
- 守秘（Confidentiality）：グループで話し合ったことは，外部に漏らさない。グループの目的は相互援助であり，ゴシップを生むことではない。
- コミットメント（Commitment）：変化に向けた取り組みをグループは支援する。参加者はグループで他者を支援するうちに，「自分だけしか変えられない」と気づくようになる。最初は生徒が変わるべきだと考えていても，やがて「次のCグループまでに，自分のやり方を変えよう」と思うようになる。
- コミュニケーション（Communication）：グループによって新しいコミュニケーションが生まれる。アイデアだけでなく，感情，態度，ビリーフもやり取りされる。参加者はひとりの「人間」として互いに関わるようになる。
- 変化（Change）：生徒を変えるには，自分のビリーフ，態度，関わり方を変える必要があると，参加者は理解するようになる。
- 凝集性（Cohesion）：凝集性が高く，参加者がチームとして協働するとき，グループは効果を発揮する。

資料3

カウンセリングおよび関連する教育プログラム認定評議会による全米基準 (CACREP, 2016)

スクールカウンセリングについて

　スクールカウンセラーを目指す学生は，データに基づくスクールカウンセリング・プログラムを通して，義務教育年齢の子どもの学業，キャリア，個人的・社会的発達を促進するために必要な専門的知識とスキルを習得する。スクールカウンセリング領域のカウンセラー教育プログラムは，以下の各基準をカリキュラムに含む必要がある。

基礎
- スクールカウンセリングの歴史と発展
- スクールカウンセリング・プログラムのモデル
- 義務教育における包括的キャリア開発のモデル
- 学校におけるコラボレーションとコンサルテーションのモデル
- 義務教育におけるアセスメント

役割面
- 義務教育におけるリーダー，権利の擁護者，システム変革者としてのスクールカウンセラーの役割
- 家族，学校の教職員，地域機関とのコンサルテーションにおけるスクールカウンセラーの役割
- 進学やキャリア準備におけるスクールカウンセラーの役割
- 校内リーダーシップや多職種チームにおけるスクールカウンセラーの役割

- 緊急事態，危機，災害，トラウマにおけるスクールカウンセラーの役割と責任
- スクールカウンセラーの役割を周知する能力
- メンタルヘルスや行動障害のリスクが高い生徒の特徴，危険因子，予兆
- 子ども・青年の学習，行動，気分に影響を与える，一般的な薬物療法
- 子ども・青年の薬物乱用の兆候と症状，および薬物乱用者がいる家庭の兆候と状態像
- 学校における有効なリーダーシップの性質とスタイル
- コミュニティのリソースとリファー先
- スクールカウンセリングに関わる専門家組織，養成の基準，資格
- スクールカウンセリングに関わる法律と政策
- スクールカウンセリングに関わる法的・倫理的配慮

実践面

- スクールカウンセリング・プログラムの使命と目的
- スクールカウンセリング・プログラムのデザインと評価
- コア・カリキュラムのデザイン，授業計画，クラス運営の方法，特別授業
- 学力向上のための介入
- 発達段階を考慮した，キャリア・カウンセリングによる介入とアセスメント
- 学校における個人カウンセリング，グループカウンセリングの技法
- 転校，中等教育への進学という移行期の支援
- 社会・家族・情緒・行動の問題と学業成績との関係を批判的に検討するスキル
- 進級率・卒業率の向上をもたらす方法
- 進学やキャリア準備への介入
- 生徒が平等に学力向上と進学の機会を得ること
- 学校でコラボレーションとチームワークを展開する技術
- 生徒による相互支援プログラムの実施とコーディネーション
- データを用いて説明責任を果たし，意思決定を支援する
- データを用いてプログラムの必要性を訴えたり，生徒の権利を擁護する

資料4

アメリカ・スクールカウンセラー協会による，スクールカウンセラーに求められる能力 (ASCA, 2012)

コンサルテーションに関連する能力とスキル

有能なスクールカウンセラーは，以下の能力やスキルを用いて，評価可能な目的を達成できる。

- コラボレーションのモデルを理解し，スクールカウンセリング・プログラムに適用できる。またコンサルテーション，コラボレーション，カウンセリング，コーディネーションの異同を理解する。
- コンサルテーションとスーパービジョンを活用して遵法的・倫理的な意思決定を行ったり，倫理的ジレンマを解決する。
- コンサルテーション，個人カウンセリング，グループカウンセリング，危機カウンセリング，ピア・ファシリテーションなど，ニーズに応えるためのサービスを説明できる。
- さまざまなリソースを活用し，生徒，家族，教職員が抱える問題を解決する。
- 適切なカウンセリング・アプローチを，コンサルティの変化のために適用する。
- プログラム・マネジメントと学校支援計画を立てる。スクールカウンセラーは職務として，専門性を高める研修，コンサルテーション，コラボレーション，プログラム・マネジメントを行う。
- 自己内省，コンサルテーション，スーパービジョンを活用して専門性を高める。

訳者あとがき

　本書は Don Dinkmeyer, Jr., Jon Carlson と Rebecca E. Michel による 2016 年刊行 *Consultation: Creating School-Based Interventions Fourth Edition*（Routledge 刊）の全訳である。1973 年の初版より改訂を重ねた，定評ある学校コンサルテーションの手引書である。
　著者のドン・ディンクマイヤー・ジュニアとジョン・カールソンは，アメリカにおけるアドラー心理学の重鎮的存在である。ディンクマイヤー・ジュニアは，父親のドン・ディンクマイヤーらが開発した，アドラー心理学に基づく親教育プログラム（STEP）と教師教育プログラム（STET）を発展させてきた。カールソンはアドレリアン・セラピーの研究と実践を先導し，数多くの書籍や訓練ビデオを編纂してきたが，2017 年 2 月に逝去された。改めてカールソン博士の学恩に感謝し，ご冥福をお祈りしたい。また，この版より気鋭の臨床心理学者であるレベッカ・E・ミシェルが執筆に加わっている。
　本書では学校でスクールカウンセラーが行う教師，管理職，親へのコンサルテーションの理論的背景と具体的な実践方法を解説するとともに，心理教育，クラス運営，グループワーク，プログラム評価の方法など，コンサルテーションと関連が深い諸活動についても広く論じている。
　スクールカウンセラーが学校現場で行う支援には，大きく 2 つの方向性があると訳者らは考える。第 1 の方向性は，スクールカウンセラーが子どもたちに直接働きかけ，彼らが学校・家庭などのコミュニティに自分らしく所属し，他者との温かいつながりを感じられるよう支援することである。そうした介入方法として，子どもへの個人カウンセリング，心理教育，勇気づけ的なコミュニケーションなどがある。第 2 の方向性は，スクールカウンセラーが教師，管理職，親らと協働し，子どもたちが健全に成長し，安心して生きられる社会環境を創出していくことである。学校コンサルテーションは，こうしたコミュニティへの働きかけを通して子どもを間接的に支援する方法として位置づけられ，スクールカウンセラーの中核的な活動の 1 つである。本書で取り上げられたコンサルテーション以外の実践方法も，このアプローチに含められよう。

訳者あとがき

　スクールカウンセラーはこれら2つの方向性からの支援により，子どもとコミュニティ（学校，クラス，家庭）それぞれの健康性を高めるとともに，両者が調和した状態を実現していく必要がある。
　学校コンサルテーションについて，アドラー心理学に依拠したアプローチを解説していることが本書の大きな特色である。

　アドラー心理学とコンサルテーションの関わりは古い。第一次世界大戦から帰還し，1920年代のオーストリア・ウイーンで児童相談クリニックを設立したアルフレッド・アドラーは，親や教師への心理教育的なコンサルテーションによって子どもを支援しようとした。アドラーの没後も，アドレリアンたちはコンサルテーションを用いた子どもへの支援を理論・実践の両面から発展させてきた。本書には，アドレリアンが洗練を重ねてきたコンサルテーションの到達点が示されている。
　こうした歴史的経緯から，アドラー心理学は精神分析，応用行動分析，ブリーフセラピーなどと並ぶ主要なコンサルテーション理論の1つとして，アメリカのコンサルテーションの教科書にも取り上げられている。
　それに対して日本におけるアドラー心理学は，1980年代より育児，教育，ビジネス，自己啓発の領域を中心に導入が図られてきた。そのため一般の人々にアドラー心理学はよく知られているが，アカデミックな心理学研究者やスクールカウンセラーを含むメンタルヘルス専門家にはまだ馴染みが少ない。加えて臨床実践の参考となる専門書がほとんど出版されていないことも，日本の専門家にアドラー心理学が浸透していない一因と思われる。学校現場でコンサルテーションを核とした支援活動をどう展開していくかについて，アドラー心理学に基づく発想，人間観，アセスメント，介入方法などを分かりやすく提供してくれる点に本書の意義があろう。本書が日々の臨床実践に役立つリソースとなるとともに，専門家コミュニティにおけるアドラー心理学の受容に寄与することを願っている。
　ところでアドラー心理学は単なる理論や技法の体系に留まらず，健全な社会の理想像を持ち，実践を通してそれを具現しようとする「思想」を内包している。アドラー心理学が追求するのは，人々が共同体感覚（社会的関心）を十分に発達させ，互いを思いやり尊重しながら，さまざまな困難な課題の解決に向けてすすんで協働する社会である。本書ではそれを「民主的」な社会と表現している。コンサルテーションを含む全てのアドラー心理学の実践は，クラス，学校，家庭などのコミュニティを健全な方向に変革していく試みであることを忘れてはならな

い。

　なお本書に述べられたスクールカウンセラーの活動モデルは，日本のものとかなりの相違がある。すなわち本書のモデルでは，問題への事後的対応よりも予防を強調し，コンサルテーションを含むさまざまな心理教育的アプローチを用いて個人やコミュニティの健康性を高めようとする。そして子どものメンタルヘルスに留まらず，学業面やキャリア形成の支援にも積極的に取り組む。

　こうした発想や方法は，日本の学校現場にそのまま導入可能な部分も，アレンジや工夫が必要な部分もあると思われる。またスクールカウンセリングを取り巻く環境も，時代とともに変遷していく。本書のアプローチを参考にしつつ，私たちは彼我の社会情勢，文化的風土，教育制度，スクールカウンセリングへのニーズの違いを十分に考慮し，日本の学校現場の実情に適したアプローチを模索していく必要があろう。

　最後に，本書を翻訳するに至った経緯を述べておきたい。訳者らはアドラー心理学とともに，コミュニティ心理学（コミュニティ・アプローチ）の研究と実践に携わってきた。その過程で，アドラー心理学とコミュニティ心理学には別々の体系と思えないほど共通性が多いことに気づかされた。そして，現代社会が直面する多くの困難な課題を解決していくために，両者を統合した実践モデルを開発することが有効ではないかと考えるようになった。そうした探求の途上で，アドラー心理学を基盤にコミュニティ・アプローチの中核的方法であるコンサルテーションを解説した本書と出会った。読み進めるうちに，学校現場で実践に携わる専門家に資する内容であると実感し，訳出を思い立った次第である。

　浅井が1，4，5，6，7，8，9章と付録資料，箕口が2，3，10章の翻訳を担当し，最終的な訳文の統一を浅井が行った。また，本書の趣旨を表現した含蓄に富むカバーイラストは，私たちと学びを共にしてきた小林美寿々さんに描いていただいた。

　遠見書房の山内俊介社長は，本書の出版を快諾され，遅れがちな翻訳作業に粘り強く寄り添ってくださった。改めて，深く感謝を申し上げる。

訳者によるアドラー心理学の用語解説

　本書で使われた主なアドラー心理学の概念や用語を五十音順に示し，訳者による簡略な解説を付けた。

　アドラー心理学をさらに学びたい方には，『アドラー臨床心理学入門』（鈴木義也・八巻秀・深沢孝之著　アルテ　2015 年）『臨床アドラー心理学のすすめ』（八巻秀・深沢孝之・鈴木義也著　遠見書房　2017 年）などの書籍を勧めたい。

アルフレッド・アドラー（Alfred Adler）

　アドラー心理学の創始者である，オーストラリア出身の医師。1870 年にウィーン郊外のユダヤ人家庭に生まれる。幼少期は病弱な子どもであった。ウィーン大学の医学生時代には社会主義運動に関心を持ち，集会に参加していた。内科医時代は労働者の劣悪な職場環境と健康の問題に取り組んだ。1902 年にフロイトが主宰する精神分析サークルに参加するが，やがてフロイトとの人間観や理論との相違が大きくなり，1911 年に訣別に至る。そして仲間とともに学会を立ち上げ，みずからの心理学を発展させていく。軍医として第一次世界大戦に従軍した後は，人々が争うのではなく，思いやりと協力によって課題を解決する社会を創っていく基盤として，子どもの教育を重視するようになった。1922 年，ウィーンに児童相談クリニックを設立し，子どもへのカウンセリング，親や教師へのコンサルテーションを行った。ナチスによる迫害を避け，1930 年代よりアメリカに拠点を移して精力的に活動する。1937 年，講演旅行中にスコットランドのアバディーンで急死した。邦訳された著書に「人生の意味の心理学」「人間知の心理学」「子どもの教育」「個人心理学講義」などがある。

クラス会議（classroom meeting）

　アドラー心理学では「クラス会議」と称して，学校で民主的なクラス運営を実践するための発想とグループ手続きを提唱してきた。クラス会議で扱う内容は，生徒が参与したルールの設定と維持，民主的なリーダーシップのとり方，勇気づけ，論理的結末の適用，コンフリクト解決，生徒の所属欲求を充たすための工夫などが挙げられる。同様に，家庭で民主的な生活を築くための方法として，「家

族会議（family council）」がある。

公開カウンセリング（open-forum counseling）

　1920年代にウイーンで児童相談クリニックを設立したアドラーは，そこで聴衆を前にした公開形式のカウンセリングやコンサルテーションを行った。クライエントにとって「聴衆から受容，支持，共感される感覚」「聴衆から有用な意見や代替案を得られる」，聴衆にとって「悩んでいるのは自分だけでないという普遍性の感覚」「面接を通して，有用な意見や代替案を得られる」「他者への貢献感の高まり」などが，公開カウンセリングの治療的意義である。今日もアドレリアンのカウンセラーは，好んで公開カウンセリングを行う。

個人心理学（Individual Psychology）

　アドラー心理学の別名。1911年にフロイトと訣別し，精神分析を離れたアドラーは，やがて自らが考案した心理学を「個人心理学」と称するようになった。ここでの「個人（individual）」は「分割（divide）できない」という意味であり，人間の心を統一的な「全体」として捉えようとする理念が込められている。人間の心を諸要素に分解して理解しようとする，当時の心理学や精神分析への批判を含んでいる。とはいえ，「社会や集団ではなく，個人を研究対象とする」などの誤解を受けやすい名称でもある。

暫定仮説（temporary hypothesis）

　アドラー心理学のカウンセリングでは，カウンセラーはクライエントによる特定の行動が何を目指しているか，あるいはクライエントのライフスタイルのパターンなどについて，「推量（guessing）」を行って仮説を提示する。そこで生成・提示される仮説は最終的な結論ではなく，あくまで一時的なものであるため，「暫定仮説」と呼ばれる。仮説をクライエントに確認し，修正を受けることにより妥当性を高めていく，協働的プロセスが重視される。そのため仮説をクライエントに提示する際は，断定的な言い方ではなく，「1つの見方ですが‥」「‥かもしれません」など，修正の余地を残した言い方で伝えることが大切になる。

私的論理（private logic）

　人間は幼児期からの生活の中で，物事を判断する枠組みである「統覚スキーマ」を発達させる。それを用いて経験を解釈し，意味を付与する。そして解釈さ

れた主観的現実を，あたかも客観的な現実であるかのように見なして行動する。客観的現実からの乖離が大きく，自己の幸福のみを志向する価値観や認知のパターンをアドラー心理学では「私的論理」と呼ぶ。私的論理は，不健全なライフスタイルの指標となる。

社会的関心（social interest）

　アドラー心理学の重要概念に「共同体感覚（Gemeinschaftsgefühl または community feeling）」がある。共同体感覚は，社会的存在である人間が生得的に持っている心理特性である。その中核は，仮想的な「人類共同体」とのつながりの中で生きているという認識である。その認識を基盤にして，私たちが暮らす社会や集団への所属感，貢献感，人間への信頼感，他者への共感性などが生じてくる。こうした対人関係の中で表れる共同体感覚の側面を，「社会的関心（social interest）」という。アドラー心理学は共同体感覚および社会的関心を，精神的健康や健全なライフスタイルに不可欠な特性と見なし，育児・教育・カウンセリングなどの実践を通して高めようとする。

所属（belonging）

　人間は「自分に価値がある」という感覚を追求しながら生きる。そのために家庭，学校，職場，地域社会をはじめとする共同体への「所属」は重要となる。共同体において，人間は他者とつながり，支えられ，他者の幸福に貢献し，必要とされている感覚を得られる。そうして共同体は自分の「価値」を実感できる，大切な「居場所」となる。共同体に所属し，居場所を見出そうとするスタイルは，人によりさまざまである。自己の欲求充足だけでなく共同体の幸福も思いやるような，社会的関心を伴う所属のあり方をアドラー心理学は「建設的」と見なす。とはいえ「不適切な行動の目標」に見られるように，さまざまな理由から建設的な方法で所属することを断念し，無益な方法で自己の価値を見出そうとする場合もある。

心理的運動（psychological movement）

　人間は，常に特定の目標を追求しながら生きる。したがってアドラー心理学では，人間の行動をそれ自体ではなく，目標達成に向かう「運動」として目的論的・力動的に理解しようとする。

STEP（Systematic Training for Effective Parenting）

ディンクマイヤー（シニア）とマッケイが開発した，アドラー心理学に基づく代表的な親教育プログラムである。日本にも1980年代に導入された。"SMILE(スマイル)"や"PASSAGE（パセージ）"など，日本の育児風土に合わせた親教育プログラムも開発され，多くの人々が受講してきた。

全体論（holism）

人間のさまざまな心的要素は独立して機能しない。全体は諸要素の総和を超えたものであり，心を諸要素に分割して研究しても本質的な理解には至らない。人体において，働きの異なる臓器が生命維持に向けて連動する。同じように心的世界にある諸要素（例：認知，感情，行動）の働きは異なるが，それらは1つの統合されたシステムとして，特定の目標を達成するために連動するとアドラー心理学は考える。

早期回想（early recollections）

アドラーが考案した投映法検査であり，現在もアドレリアン・カウンセリングでよく用いられる。「ある日，こんなことがあった」のように，幼少期の印象的なエピソードをクライエントに想起してもらう。それを詳しく分析することで，早期記憶に反映されたライフスタイルを理解しようとする。

代替案（alternative behavior）

カウンセリングやコンサルテーションを求める人は，これまで馴染んできた認知や行動のパターンが問題解決に役立たなくなり，行きづまっている場合が多い。とはいえ1つの問題に対して，さまざまな見方や取り組み方が可能である。アドレリアン・カウンセラーはクライエント（コンサルティ）と協働し，新たな認知や行動の仕方である「代替案」を検討する。

認識反射（recognition reflex）

カウンセラーが行動の目標などの推量を行ったとき，提示した仮説が的を射ていれば，クライエントはその瞬間に驚きの表情や微笑などの非言語的反応を示すという。アドラー心理学ではこれを「認識反射」と呼び，カウンセラーが仮説の妥当性を判断するための手がかりとなる。

不適切な行動の目標（goals of misbehavior）

ドライカースは,「不適切な行動の目標」という類型を考案した。これは子どもが共同体への所属感や自己価値の感覚を得るためにとる行動を, 目的論的に理解するために有用である。「注目」「権力闘争」「復讐」「無力の誇示」の4類型で構成され, いずれも勇気をくじかれ, 社会的関心に欠けた目標追求の方法とされる。アドラー心理学の心理教育では, この類型を活用して子どもが何を達成しようとしているかを明確化し, 適切な支援につなげようとする。

目的論 (teleology)

　アドラー心理学では, 人間の行動や感情は目的を持っており, たとえ個人が意識していなくとも, 特定の目標の達成をめざす「運動」のプロセスにあると考える。こうした個人が達成しようとしている目標を明確化することが, パーソナリティの理解や臨床援助に役立つとしている。

勇気づけ (encouragement)

　アドラー心理学における「勇気」とは, 建設的にライフタスクに取り組むために必要な心のエネルギーを指す。「勇気づけ」は他者の言語的・非言語的な関わりにより, 相手にこうした「勇気」が喚起されることである。勇気づけは教育, 育児, カウンセリングなど, あらゆるアドラー心理学の実践の中核となる発想・方法である。これに対して, ライフタスクに取り組む心のエネルギーが低下した状態, あるいは相手をそうした状態に至らしめる関わりを,「勇気くじき (discouragement)」という。

ライフスタイル (lifestyle)

　幼児期に自らの身体的, 心理的, 社会的な無力に直面した子どもは, 強い劣等感を抱く。そして自分なりの方法で劣等感に対処し, 優越性の感覚, 自分に価値がある感覚, 集団における所属感などを獲得しようとする。こうした経験の積み重ねが特定のパターンを形成し, 個人に独自の人生目標, 自己・他者・社会のイメージ, 人生目標の達成方法が確立されていく。これらをアドラー心理学では「ライフスタイル」と呼ぶ。ライフスタイルの基礎は5歳までに固まり, 10歳までにはライフスタイル形成が完了するとされる。

ライフタスク (life tasks)

　人間が日常生活で出会い, 建設的に取り組むことが期待される課題を「ライフ

タスク」という。ライフタスクへの取り組みは人間的な成長をもたらすが、社会適応やメンタルヘルスの危機にもつながる。アドラーは主要なライフタスクの領域として、「仕事」「交友」「愛」を挙げた。現在のアドラー心理学では、「自己」と「スピリチュアリティ」のタスクが付加されている。

ルドルフ・ドライカース（Rudolf Dreikurs）

　1897年、ウイーンのユダヤ人家庭に生まれる。ウイーン大学医学部を卒業して精神科医として働くうち、アドラーのサークルに加入した。1933年にアドラー以外では初めて、アドラー心理学の解説書を出版した。1930年代にナチスの迫害を逃れ、アメリカのシカゴに活動の場を移した。アメリカではアドラーの後継者的な存在として精力的に活動し、アドラー心理学の普及と発展に大きく貢献した。セラピー（カウンセリング）においては、アドレリアン・セラピーの段階を定式化した。また、対等性と協力原理に基づく民主的な人間関係を、家庭・学校をはじめとする社会全域に浸透させようとした。1972年に死去。邦訳された著書に「アドラー心理学の基礎」「勇気づけて躾ける」「やる気を引き出す教師の技量」などがある。

論理的結末（logical consequences）と自然な結末（natural consequences）

　「自然な結末」「論理的結末」とは、子どもが建設的な行動を学ぶのを支援するため、アドラー心理学の育児や教育でよく用いる方法である。

　「**自然な結末**」とは、自然の秩序がもたらす行為の結末である。例えば子どもが夜更かしをすれば、朝に起きるのが辛くなる。こうした自分の行為が引き起こした自然な結末から、子どもが体験的に学ぶのを支援する。自然な結末を体験した子どもは、どうすれば良かったか、次からはどうすべきかを大人とともに検討できる。「**論理的結末**」は、主に共同体の利益を侵害する行為に対して、社会的秩序の働きとして他者が行使する結末である。自分の行為がもたらす結末を通して、責任ある行動を学べるように支援する。例えば、授業中に注意されても私語を止めない子どもたちに対して、2人の座席を離すなどである。

　論理的結末を適用する前提として、事前にルールを設定・明示し、メンバーが合意することが不可欠である。また適用する側と適用を受ける側に、信頼関係が形成されている必要がある。ルールが設定されていても、怒りを伴って論理的結末を適用してはならない。懲罰や専制的支配のために論理的結末を用いないよう、十分な注意が必要である。

訳注

個人的ビリーフ (p.10)
人間はさまざまな物事を，その人に独自のスタイルで意味づけて生きている。個人的ビリーフとは，そうした意味づけの準拠枠となる価値観や信念を指す。

ハイステークス・テスト (初出 p.13)
1回の受験結果が，考査資料として生徒の進路決定に重大な影響を与えるようなテスト。

反映的傾聴 (初出 p.23)
Rogers,C.R. のクライエント中心療法に由来し，Ivey,A.E. の考案したマイクロ・カウンセリングに導入された傾聴の態度・技法である。クライエントの感情をカウンセラーが鏡のように伝え返すことで，自己への気づきや内省を深めようとする。

「タイプA」性格 (p.73)
アメリカの医師 Friedman,M. と Rosenman,R. が提唱した，心筋梗塞や狭心症などの心臓疾患を発症しやすいとされる性格傾向。短気，攻撃的，競争心が強い，時間に追われている切迫感などを特徴とする。

バディ・システム (p.129)
学校への適応に支援を必要とする生徒が，支援者役の生徒と2人組になって活動をする方式。

重要事項索引

Adler, Alfred　50
Combs, Arthur　33, 81, 83-85, 141
Cグループ　156
Dreikurs, Rudolf　21, 50, 57, 141, 162, 216
Freud, Sigmund　18
Glasser, William　43, 106
Goleman, Dan　19, 141-144, 148
PBIS（ポジティブな行動介入と支援）　123
RTI（教育的介入への反応）モデル　123
Satir, Virginia　37, 38
SEL →社会的情動学習
Senge, Peter　19, 141-144, 148
STET（Systematic Training for Effective Teaching）　105, 153

アウトカム評価　183, 184, 193
アカウンタビリティ　17, 27, 182, 183, 191, 193
アドラー心理学　14
アドレリアン家族カウンセリング　158
アドレリアン家族療法　160-162, 164
一次予防　24, 33, 119-121, 123, 140
親教育　151

完璧主義　79, 80, 103
危機介入的コンサルテーション　75, 98
クラス会議　90, 105, 107, 211
グループ・ダイナミクス　129
グループの治療作用　131, 134, 139, 140, 157
権力　58
個人心理学　14
コンサルタント　35
コンサルテーション　23
コントロール　78

暫定仮説　86
自然な結末　64
自尊感情　21
私的論理　57, 62, 164, 212, 213

重要事項索引

社会的関心 55, 63, 104, 128, 129, 131, 134, 162, 163, 165, 166, 213, 215
社会的情動学習（Social Emotional Learning; SEL） 19, 141
修復的コンサルテーション 75
重要性の追求 59
守秘性 45, 46
所属欲求 62
成長促進的コンサルテーション 74, 75, 95, 98
相互尊敬 18, 36, 63, 73, 78, 104, 125, 126, 130, 131, 134, 135

代替案 67
対等性 28, 46, 65, 73, 104, 216
多文化能力 47, 48
知覚評価 183, 184, 193
注目 58
抵抗 160

内部コンサルタント 35
ニーズアセスメント 182, 184-191, 193
認識反射 88

反映的傾聴 67
ビリーフ 78
復讐 58
不適切な行動の目標 27, 30, 50, 57, 58, 61, 73, 74, 106, 107, 127, 138, 172, 176, 178, 197, 202, 213-215
プロセス評価 183, 184, 193
ほめ 110

マインドフル・クラスルーム 142, 145, 146
無力の誇示 58
目標志向性 56, 57

勇気くじき 58, 101, 105, 110, 112, 113, 215
勇気づけ 109
喜ばせ 80, 110, 116, 196

ライフスタイル 75
ライフタスク 75, 108, 215, 216
リーダーシップ・スキル 107, 136, 137, 139, 140, 154
リーダーシップ・スタイル 134, 135
リフレーム 160, 161
論理的結末 64

私メッセージ 67

著者略歴

ドン・ディンクマイヤー・ジュニア（Don Dinkmeyer Jr.）
博士は，米国認定カウンセラー（NCC）であり，STEPプログラムの共同開発者でもある。ウエスタン・ケンタッキー大学の教授としてカウンセリングと生徒指導を教え，現在は退職している。35年以上にわたって専門的な著作を発表してきた。

ジョン・カールソン（Jon Carlson）
博士は，シカゴ・アドラー大学の特別招聘教授で，ウィスコンシン州レイク・ジェニバにあるウエルネス・クリニックの心理士である。これまで60冊の書籍，175本の論文，300本以上の訓練ビデオを発表した。35年にわたりスクールカウンセラー，スクールサイコロジストも務めてきた。2017年2月に逝去。

レベッカ・ミシェル（Rebecca E. Michel）
博士は，ガバナーズ州立大学の准教授である。カウンセラー教育とスーパービジョンで学位を得るまでは，義務教育学校と地域機関でカウンセラーを務めていた。

訳者略歴

浅井健史（あさい・たけし）
明治大学文学部心理社会学科 兼任講師，国際交流基金日本語国際センター カウンセラー，臨床心理士，専修大学文学研究科心理学専攻博士後期課程 単位取得退学。専攻：アドラー心理学，コミュニティ心理学，グループアプローチ。
主な著書：『思春期・青年期支援のためのアドラー心理学入門』［共著］（アルテ），『コミュニティ・アプローチの実践——連携と協働とアドラー心理学』［共著］（遠見書房），『よくわかるコミュニティ心理学』［共著］（ミネルヴァ書房），『ワードマップコミュニティ心理学——実践研究のための方法論』［共著］（新曜社），『ありがとう療法——総合編』［共著］（愛育社），『新臨床心理学』［共著］（八千代出版）など。
座右の銘：心をこめるのは人の仕事，勇気づけるのは神様の仕事

箕口雅博（みぐち・まさひろ）
立教大学名誉教授，元同大現代心理学部／現代心理学研究科教授，臨床心理士，慶應義塾大学社会学研究科教育心理学専攻修士課程修了。専攻：コミュニティ心理学，臨床心理学，多文化間心理学。
主な著書：『コミュニティ・アプローチの実践—連携と協働とアドラー心理学』［編著］（遠見書房），『改訂版 臨床心理地域援助特論』［編著］（放送大学教育振興会），『よくわかるコミュニティ心理学』［共編］（ミネルヴァ書房），『コミュニティ心理学ハンドブック』［共著］（東京大学出版会），『臨床心理学的地域援助の展開—コミュニティ心理学の実践と今日的課題』［共著］（培風館），『臨床・コミュニティ心理学—臨床心理学的地域援助の基礎知識』［共編］（ミネルヴァ書房）など多数。
座右の銘：軽快なフットワーク，綿密なネットワーク，そして少々のヘッドワーク

カバーイラスト：小林美寿々

学校コンサルテーションのすすめ方
──アドラー心理学にもとづく子ども・親・教職員のための支援

2019年5月20日　初版発行

著　者　ドン・ディンクマイヤー・ジュニア，ジョン・カールソン，レベッカ・ミシェル
著　者　浅井健史・箕口雅博
発行人　山内俊介
発行所　遠見書房

〒181-0002 東京都三鷹市牟礼6-24-12
三鷹ナショナルコート004
TEL 0422-26-6711　FAX 050-3488-3894
tomi@tomishobo.com　http://tomishobo.com
郵便振替　00120-4-585728

ISBN978-4-86616-086-3　C3011
Japanese Translation © Asai Takeshi & Miguchi Masahiro 2019
Printed in Japan

※心と社会の学術出版　遠見書房の本※

遠見書房

対象関係論の源流
フェアベーン主要論文集
W・R・D・フェアベーン著
相田信男監修／栗原和彦編訳
「対象関係論」という言葉を初めて用い，フロイト以後の精神分析学の理論的な整備と発展に大きく寄与した独創的な臨床家の主要論文集。5,000円，A5並

治療者としてのあり方をめぐって
土居健郎が語る心の臨床家像
土居健郎・小倉　清著
土居健郎と，その弟子であり児童精神医学の大家　小倉による魅力に満ちた対談集。精神医学が生きる道はどこなのか？〈遠見こころライブラリー〉のために復刊。2,000円，四六並

武術家、身・心・霊を行ず
ユング心理学からみた極限体験・殺傷の中の救済
老松克博著
武術家として高名な老師範から，数十年にわたる修行の過程を克明に綴った記録を託された深層心理学者。その神秘の行体験をどう読み解き，そこに何を見るのか。1,800円，四六並

催眠トランス空間論と心理療法
セラピストの職人技を学ぶ
松木　繁編著
「催眠」を利用する催眠療法や壺イメージ療法，自律訓練法，そこから派生した動作法，家族療法，フォーカシングなどの職人芸から，トランスと心理療法の新しい形を考える。3,200円，A5並

金平糖：自閉症納言のデコボコ人生論
森口奈緒美著
高機能自閉症として生きる悩みや想いを存分に描き各界に衝撃を与えた自伝『変光星』『平行線』の森口さんが，鋭い視点とユーモアたっぷりに定型発達社会に物申す！　当事者エッセイの真骨頂，ここに刊行。1,700円，四六並

［新版］周産期のこころのケア
親と子の出会いとメンタルヘルス
永田雅子著
望まれぬ妊娠，不仲，分娩異常，不妊治療の末の妊娠，早産，死産，障害のある子を産むこと——周産期心理臨床に長年携わってきた臨床心理士によって書かれた待望の入門書。2,000円，四六並

森俊夫ブリーフセラピー文庫③
セラピストになるには
何も教えないことが教えていること
森　俊夫ら著
「最近，1回で治るケースが増えてきた」——東豊，白木孝二，中島央，津川秀夫らとの心理療法をめぐる対話。最後の森ゼミも収録。2,600円，四六並

無意識に届く
コミュニケーション・ツールを使う
催眠とイメージの心理臨床　松木　繁著
松木メソッドを知っているか？　催眠を知ればすべての心理療法がうまくなる。トランス空間を活かした催眠療法とイメージ療法の神髄を描く。附録に催眠マニュアルも収録。2,600円，A5並

発達臨床心理学
脳・心・社会からの子どもの理解と支援
谷口　清著
長く自閉症者の脳機能研究や学校相談に携わってきた著者による発達臨床心理学の入門書。生物・心理・社会の視点から子どもの発達と困難を明らかにし，その支援のあり方を探る。2,800円，A5並

やさしいトランス療法
中島　央著
トランスを活かせば臨床はうまくなる！　著者は，催眠療法家としても日本有数の精神科医で，催眠よりやさしく臨床面接でトランスを使えるアプローチを生み出しました。日常臨床でつかうコツとプロセスを丹念に紹介。2,200円，四六並

価格は税抜きです

※心と社会の学術出版　遠見書房の本※

公認心理師基礎用語集
よくわかる国試対策キーワード117

松本真理子・永田雅子編

試験範囲であるブループリントに準拠したキーワードを117に厳選。多くの研究者・実践家が執筆。名古屋大教授の2人が編んだ必携，必読の国試対策用語集です。2,000円，四六並

クラスで使える！　　　（CD-ROMつき）
アサーション授業プログラム
『自分にも相手にもやさしくなれるコミュニケーション力を高めよう』

竹田伸也・松尾理沙・大塚美菜子著

プレゼンソフト対応の付録CD-ROMと簡単手引きでだれでもアサーション・トレーニングが出来る！ 2,600円，A5並

イライラに困っている子どものための
アンガーマネジメント　スタートブック
教師・SCが活用する「怒り」のコントロール術

佐藤恵子著

イライラが多い子は問題を起こすたびに叱責をされ，自尊心を失う負のスパイラルに陥りがち。本書は精力的に活動をする著者による1冊。2,000円，A5並

誘発線描画法実施マニュアル

寺沢英理子・伊集院清一著

ワルテッグテストをヒントに開発された本法は，投映法的なアセスメント＋構成的な心理療法としても活用できるアプローチ。本書は詳細な手引きです。別売で，実際に使う用紙セット「誘発線描画法用紙」もあります。2,000円，B6並

荒野の精神医学
福島原発事故と日本的ナルシシズム

（ほりメンタルクリニック）堀　有伸著

東日本震災後2012年に福島県南相馬市へ移住した精神科医である著者が見たものは，原発事故に打ちのめされる地域と疲弊した人々だった。荒野から新しい知が生まれる。2,600円，四六並

なんでもやってみようと生きてきた
ダウン症がある僕が伝えたいこと

（ダウン症当事者）南正一郎著

南正一郎，46歳。小中学校は普通学級に通い，高校は養護学校を卒業。中学時代から始めた空手は黒帯で，子どもたちへの指導も行う。ダウン症をもつ，フツーの青年の半生記。1,500円，四六並

フクシマの医療人類学
原発事故・支援のフィールドワーク

辻内琢也・増田和高編著

福島第一原子力発電所の事故によって，避難と転居を余儀なくされた人々。本書は，彼らへの支援とフィールドワークを続ける医療人で医療人類学者 辻内琢也らによる記録。2,600円，四六並

DVDでわかる家族面接のコツ①〜③

東　豊著

①夫婦面接編（解説：坂本真佐哉），②家族合同面接編（解説：児島達美），③P循環・N循環編（黒沢幸代，森俊夫）。初回と2回めの面接を収録したDVDと詳細な解説。天才セラピストによる面接の極意。各6,600円，A5並

場面緘黙の子どものアセスメントと支援
心理師・教師・保護者のためのガイドブック

エイミー・コトルバ著／丹　明彦監訳

学校や専門家，保護者たちのための場面緘黙を確実に治療できる方法はもちろん，支援の場で実際に利用できるツールも掲載。全米で活躍する著者による緘黙支援ガイドブック！ 2,800円，A5並

幸せな心と体のつくり方

東　豊・長谷川淨潤著

心理療法家・東と整体指導者・長谷川の二人の偉才が行った，心と体と人生を縦にも横にも語り合ったスーパーセッション。幸福をテーマに広がる二人の講義から新しい価値観を見つけられるかもしれません。1,700円，四六並

価格は税抜きです

※心と社会の学術出版　遠見書房の本※

遠見書房

公認心理師の基礎と実践 全23巻

監修（九州大学名誉教授）**野島一彦**・（東京大学名誉教授）**繁桝算男**

最良の実践家・研究者による公認心理師カリキュラムに沿った全23巻のテキスト・シリーズ！各2000円〜2800円

❶公認心理師の職責 ◇ 野島一彦（跡見学園女子大）／❷心理学概論 ◇ 繁桝算男（慶応義塾大）／❸臨床心理学概論 ◇ 野島一彦ほか／❹心理学研究法 ◇ 村井潤一郎（文京学院大）ほか／❺心理学統計法 ◇ 繁桝算男ほか／⑥心理学実験 ◇ 山口真美（中央大）ほか／⑦知覚・認知心理学 ◇ 箱田裕司（京都女子大）／⑧学習・言語心理学 ◇ 楠見 孝（京都大）／⑨感情・人格心理学 ◇ 杉浦義典（広島大）／⑩神経・生理心理学 ◇ 梅田 聡（慶応義塾大）／❶社会・集団・家族心理学 ◇ 竹村和久（早稲田大）／⓬発達心理学 ◇ 本郷一夫（東北大）／⑬障害者・障害児心理学 ◇ 柘植雅義（筑波大）ほか／⓮心理的アセスメント ◇ 津川律子（日本大）ほか／⑮心理学的支援法 ◇ 大山泰宏（放送大）／⑯健康・医療心理学 ◇ 丹野義彦（東京大）／⓱福祉心理学 ◇ 中島健一（愛知学院大）／⓲教育・学校心理学 ◇ 石隈利紀（東京成徳大）／⓳司法・犯罪心理学 ◇ 岡本吉生（日本女子大）／⑳産業・組織心理学 ◇ 新田泰生（神奈川大）／㉑人体の構造と機能及び疾病 ◇ 斎藤清二（立命館大）ほか／㉒精神疾患とその治療 ◇ 神庭重信（九州大）ほか／㉓関係行政論 ◇ 元永拓郎（帝京大）［名前は筆頭編者，黒丸数字は既刊］

ホロニカル・アプローチ
統合的アプローチによる心理・社会的支援
　　　　　　　　定森恭司・定森露子著
人間のありようを部分⇔全体的にアプローチする独創的な心理療法 ホロニカル・アプローチ。その入門編とともに統合的心理療法としての価値を考える。
2,600円，B5並

教員のための研究のすすめ方ガイドブック
「研究って何？」から学会発表・論文執筆・学位取得まで
　　　瀧澤 聡・酒井 均・柘植雅義編著
実践を深めたい，授業研究を広めたい。そんな教育関係者のために作られたのがこのガイド。小規模研究会での発表から学会での発表，論文執筆，学位取得までをコンパクトに紹介。1,400円，A5並

TAT〈超〉入門
取り方から解釈・病理診断・バッテリーまで
　　　　　　　　赤塚大樹・土屋マチ著
投映法検査TATの初学者から中級者に向けた入門書。使い方から各図版に現れやすい臨床情報，分析，解釈，フィードバック，テスト・バッテリーなどをわかりやすく解説。2,500円，四六並

N:ナラティヴとケア
人と人とのかかわりと臨床と研究を考える雑誌。第10号：医療人類学―いのちをめぐる冒険（江口重幸編）年1刊行，1,800円

価格は税抜きです